Rudolf Berner

Machiavelli 2000
Ich bin der Boss und will es bleiben

Rudolf Berner

Machiavelli 2000

Ich bin der Boss und will es bleiben

Eine heiter-ernste Führungs- und Lebenshilfe
für alternde Manager

VERLAG ORGANISATOR AG ZÜRICH

© 1985: Verlag Organisator AG, Löwenstrasse 16, 8021 Zürich
Alle Rechte vorbehalten.
Druck: Ott Druck AG Thun
ISBN 3-7220-3001-3

Es darf immer nur einer an der Spitze des Heeres stehen, nie viele. Mehrere Befehlshaber sind schädlich. Es ist besser, einen Mann von durchschnittlicher Klugheit mit der Durchführung eines Unternehmens zu beauftragen als zwei ganz hervorragende Männer, die beide die gleichen Befugnisse haben.
Niccolò Machiavelli (1469–1527)

Der alternde Boss Rudolf Berner ist kein Unternehmer aus Fleisch und Blut. Er ist ein dem Bild Machiavellis nachempfundenes Mosaik oder, etwas weniger hoch gegriffen, ein Puzzle, dessen Teile aus den Verhaltensmustern verschiedener Führungspersönlichkeiten stammen, die wie zufällig gleichzeitig auch den völlig frei erfundenen Unternehmertyp «Rudolf Berner» ergeben. Hinter diesem Pseudonym verbirgt sich ein Autor, der mit Sicherheit keinen Anspruch erhebt, ein Dichter zu sein. Er ist auch kein Dichter, sondern lediglich ein Sammler. Ein Sammler, der seinen Fundus einer breiteren Öffentlichkeit erschliessen will. Trotzdem ist seine Figur «Rudolf Berner» eine Dichtung, und alle Ähnlichkeiten mit lebenden oder verstorbenen Personen, existierenden und pleitegegangenen Unternehmen, amtierenden und von der Bildfläche verschwundenen Politikern wären rein zufällig. Für den Verlag ist die Herausgabe dieser kleinen Schrift dennoch keineswegs ganz unproblematisch, stellt er sich da doch gewissermassen vor ein hausgemachtes Fettnäpfchen. Darum, verehrte Unternehmer und Führungskräfte im wohlverstandenen Sinne: bitte einen Schritt zurücktreten!

Ihr Verlag Organisator AG

INHALTSVERZEICHNIS

1 Meine Lebensumstände — 9

2 Was tun, wenn ernsthafte Schwierigkeiten das Unternehmen bedrohen? — 13

3 Wie mache ich mich als Boss unentbehrlich? — 17

4 Die äusseren Zeichen der Macht — 26
   Meine Chefsekretäre — 27
   Meine persönliche Sekretärin — 27
   Die Chefetage — 29
   Die Garage — 33
   Die Mittagstafel — 36

5 Das Steckenpferd als Mittel — 38

6 Das persönliche Image — 51

7 Die Absicherung der persönlichen Macht — 55

8 Meine Zukunft — 59

MEINE LEBENSUMSTÄNDE

Gestern habe ich meinen 75. Geburtstag gefeiert. Anwesend waren meine liebe, nunmehr auch schon siebenundvierzigjährige Gattin Hildegard und die beiden reizenden Mädchen Lottchen und Therese, die sie mir vor siebzehn und vor vierzehn Jahren geboren hat. Leider ist es mir nicht gelungen, meinen Sohn Johannes und meine Tochter Sybille, die von Leonie, meiner ersten Frau, stammen, mitfeiern zu lassen. Sie haben beide meine Einladung nicht beantwortet, was mich sehr betrübt hat. Grund, gegen mich irgendeinen Groll zu hegen, haben sie nämlich nicht.

Wohl haben sie meine Scheidung, die ich vor nunmehr zwanzig Jahren gegen Leonie einleiten musste, weil sie meinen beruflichen Aufstieg innerlich nicht verarbeiten konnte, nicht gebilligt. Sie waren damals aber bereits erwachsen, hatten eine gute Ausbildung genossen und beide ihren Weg gemacht.

Sybille hat einen Anwalt geheiratet, hat drei Kinder und ist glücklich. Johannes hatte es abgelehnt, in mein Geschäft einzutreten und leitet zur Zeit erfolgreich eine Handelsfirma in Paris, die mit Getreide, Baumwolle und Erdnüssen handelt. Er ist ebenfalls verheiratet, befindet sich aber zurzeit in Scheidung. Aus seiner Ehe sind zwei Kinder hervorgegangen.

Obwohl ich mich um meine Kinder aus erster Ehe sehr gekümmert und lebhaften Anteil an ihrem Schicksal genommen habe, sind leider, leider die Kontakte mit ihnen äusserst selten geworden.

Ihre Mutter Leonie, die sich grollend und verärgert nach Luzern zurückgezogen hat, wo sie in einer recht feudalen Wohnung lebt, hat ihnen gedroht, sie würde sie enterben, wenn sie weiterhin Beziehungen mit mir unterhalten. Da Leonie von mir einen recht schönen Unterhaltsbeitrag bezieht und von ihrer Mutterseite her ein grosses Vermögen geerbt hat, hat diese Drohung für meine Kinder erhebliches Gewicht.

Ich selber bin gesund, frisch, energiegeladen, fröhlich und immer zu munteren Spässen aufgelegt. Ich habe Grund dazu, bin ich doch nach wie vor Boss einer Metallwarenfabrik mit 5000 Arbeitern und Angestellten, der Firma Luxmetall AG, die ihren Sitz im Vorort einer grossen Stadt hat. Der Geschäftsgang ist zurzeit eher mies; das liegt aber am unseligen hohen Kurs des Schweizer Frankens und an der Konkurrenz, die mit unanständigen Mitteln arbeitet und schlechte Waren offeriert, die sie in Japan herstellen lässt und unter einer Schweizer Marke herausbringt.

Trotz diesen geschäftlichen Schwierigkeiten erfreue ich mich nach wie vor einer uneingeschränkten Autorität. Ich halte nichts von einer Teilung der Verantwortung und noch viel weniger von Mitbestimmung meiner Untergebenen. Ich habe auch dafür gesorgt, dass niemand in meinem Unternehmen vorhanden ist, der mich ersetzen könnte. Ich bin und bleibe unentbehrlich und hoffe, meinem Unternehmen noch viele Jahre lang dienen zu dürfen.

Allerdings bin ich in meiner Stellung nicht unangefochten. Es kommen mir immer wieder, natürlich von viel jüngeren, wohlmeinenden Geschäftsfreunden, Ratschläge ins Haus, dass ich mich nach einem geeigneten Nachfolger umsehen sollte. Das bekannte Buch unseres Armeereformers und Leiters eines grossen Zeitschriftenkonzernes, Heinrich Oswald «Wachablösung an der Führungsspitze», das vor einigen Jahren erschienen ist, wurde mir schon mehrfach anonym ins Haus geschickt.

Ich hatte in den letzten Jahresversammlungen auch schon recht unverschämte Anfragen von Minderheitsaktionären zu beantworten. Ich habe diese Interpellanten bisher aber immer gebührend abzuschmettern gewusst.

Ich will aber dem Leser dieser Lebenshilfe nicht vorenthalten, dass es bei der letzten Versammlung für mich doch recht unangenehm geworden ist: einer meiner Neider hatte nämlich an alle meine Mitverwaltungsräte und an die wichtigsten Aktionäre, namentlich die Banken, ein übles, gereimtes Machwerk verschickt. Im Sinne des Diktums von Friedrich dem Grossen «tiefer hängen» und als abschreckendes Beispiel dafür, was für Hindernisse einem erfolgreichen Firmenführer in den Weg gelegt werden können, möchte ich es der Nachwelt nicht vorenthalten. Das bösartige Geseires hatte folgenden Wortlaut:

Lied der Luxmetall AG
von Hieronimus Rammelmeyer:

Der Luxmetall gehts eher schlecht,
Der Warenausstoss will nicht recht.
Überall hört man ein Geflüster,
Ihre Zukunft sei recht düster.

Der Präses jedoch unverdrossen,
Hat zum Bleiben sich entschlossen.
Sitzt auf dem Sessel unverzagt,
Auch wenn das Alter an ihm nagt.

Er ist ein böser Autokrat,
Der nur sein Geld im Kopfe hat.
Drum sein Salär er einkassiert,
Bis er hundert Jahr' alt wird.

Ich gratulier' zu diesem Mut.
Des Alters Weisheit ist ein Gut,
Das man sich bewahren sollt',
Auch wenn der Franken nicht mehr rollt.

Wie hat es doch so schön geklungen,
Wenn einstens die Studenten sungen:
Auf dem Dache sitzt ein Greis,
Und niemand sich zu helfen weiss.

Jedermann zum Himmel fleht,
Dass Rudolf Berner endlich geht.
Doch was nützt's, ihn zu verteufeln?
Es bleibt uns nur, still zu verzweifeln.

Ich habe trotz solcher Feindseligkeiten und Widrigkeiten, die mich im Innern nicht berühren und die es zu überwinden gilt, meine Stellung durch ein sorgfältig aufgebautes System bis jetzt zu halten gewusst. Ich glaube deshalb, dass es richtig ist, die Nachwelt über meine Methoden zu orientieren, damit bejahrte, aber verdiente Firmenleiter, die von jungen Ehrgeizlingen bedrängt werden, aus meinen Erfahrungen sinnvollen Nutzen ziehen können.

Rudolf Berner

Was tun, wenn ernsthafte Schwierigkeiten das Unternehmen bedrohen?

In jeder Firma kommt es vor, dass grosse wirtschaftliche Widrigkeiten und Rückschläge sie in den Grundfesten erschüttern, sei es, dass sie zuviel investiert hat im Hinblick auf einen erwarteten Aufschwung, der dann nicht erfolgt, sei es, wie leider bei uns in der Schweiz, beim Eintritt von Währungsverlusten, sei es beim Konkurs eines wichtigen Kunden. Bei der Luxmetall AG ist eine solche Existenzkrise ebenfalls einige Male eingetreten, wobei natürlich die Neigung bestand, eine Neigung, die sich verstärkte, je älter ich wurde, mir als Boss dafür die Verantwortung in die Schuhe zu schieben. Es war also, wollte ich einen Rücktritt, respektive Sturz vermeiden, für mich lebenswichtig, dieser Verantwortung auszuweichen. Grundregel muss dabei sein, nie in die Lage zu kommen, in einer ausgesprochenen Krisensituation eine Entscheidung treffen zu müssen. Es gibt in einem solchen Fall nur einen richtigen Weg für den verantwortlichen Boss: Verschwinde spurlos vom Erdboden und verhindere jede Möglichkeit, dass man dich erreichen kann. Behalte aber gleichzeitig das weitere Geschehen in der Firma schärfstens im Auge.

Zu diesem Zwecke setze man vor der plötzlichen und geheimen Abreise eine völlig vertrauenswürdige Person ein, am besten eine verschwiegene ältere Sekretärin mit gutem Salär (das sie nicht verlieren möchte) oder einen untergeordneten Angestellten in der Buchhaltung, der gerne, obwohl er die Fünfzig bereits erreicht hat, noch eine Stufe weiterbefördert werden möchte. Diese Kontaktstelle hat den verschwundenen Boss laufend über alle Vorkommnisse und die Entwicklung der Dinge im führerlos gewordenen Unternehmen zu orientieren, aber um alles in der Welt nicht seinen Aufenthaltsort zu verraten.

Bei der Luxmetall AG wickelten sich die Ereignisse dann regelmässig in der gleichen Art und Weise ab. Zuerst wurde fieberhaft versucht, meinen Aufenthaltsort in Erfahrung zu bringen. Kein Mittel blieb unversucht, und meine Vertrauensperson, von der man vermutete, sie wisse, wo ich zu erreichen sei, wurde hart von meinen verängstigten Direktoren bedrängt. Einige Zeit später, nachdem die Nachforschungen nach mir kein Ergebnis zeitigten, hat sodann der tatkräftigste meiner Untergebenen das Steuer in die Hand genommen und die nötigen Massnahmen ergriffen.

Ich habe mit dieser Methode, mich im kritischen Moment völlig unsichtbar zu machen, für mich nur Vorteile erreicht: Einmal merkte ich, wer sich zutraute, respektive es wagte, in meiner Abwesenheit und ohne meine Führung selbständige Initiative zu entwickeln. Es war mir damit klar, dass diese selbständige Person auch mir einmal als Nebenbuhler gefährlich werden konnte. Sodann trug ich aber für alles, was während der Dauer der Krise geschah, nicht die geringste Verantwortung. Sollte es dem unternehmungslustigen «Firmenretter» nicht gelingen, sein Ziel durchzusetzen, so traf ihn das alleinige Verschulden. Er wäre mit Schimpf und Schande, verbunden mit entsprechenden Zeitungsmeldungen, aus der Firma gejagt worden. Mit dem Hinauswurf wäre natürlich eine sehr grosse Abfindung verbunden gewesen, die nach geraumer Zeit ausbezahlt worden wäre, wenn er sich gegen seine fristlose Entlassung nicht zur Wehr gesetzt hätte.

Ich hätte dann eine ausserordentliche Generalversammlung der Aktionäre einberufen und ihnen erklärt, die Katastrophe sei nur über die Firma hereingebrochen, weil mich ein hartnäckiges Leberleiden vor einigen Wochen auf das Krankenlager geworfen habe. Ich sei dermassen geschwächt gewesen, dass ich die Leitung meines Unternehmens dem tüchtigsten Direktor habe übertragen müssen, der aber, weil eben nur ich allein zur Führung der Firma befähigt sei, was sich bei dieser Gelegenheit wieder einmal mehr erwiesen habe, leider die grössten Fehler gemacht habe, für die er allein einzustehen habe.

Ich hätte dann gleichsam als unentbehrlicher Deus ex machina versucht zu retten, was noch zu retten war. Ich hätte flammende Reden an die Belegschaft gehalten und dafür gesorgt, dass sie auch publiziert worden wären. Je unausweichlicher der Untergang gewesen wäre, desto mehr hätte ich mich mit Mannerheim und mit Rommel verglichen, die trotz tapferster Gegenwehr schliesslich doch ihre Niederlage gegen einen übermächtigen Feind hinnehmen mussten. Ich hätte auf diese Weise dafür gesorgt, dass mein armer abgesägter Direktor als Sündenbock in die Geschichte eingegangen wäre, während der Untergang der Luxmetall AG meiner eigenen Gloriole kaum geschadet hätte.

Glücklicherweise ist diese – für das Unternehmen – fatale Alternative nie eingetreten, es besteht ja schliesslich immer noch. Ich habe mir mein Vorgehen für einen solchen Fall in der Theorie in meinem jeweiligen Versteck bis in jedes denkbare Detail ausgedacht und auch bereits die Reden, die ich nach meiner Rückkehr halten wollte, eingehend vorbereitet.

Zu meinem Vorteil haben die Retter in der Not vielmehr regelmässig reüssiert. Ich bin dann jeweils in dem Zeitpunkt aus meinem verschwiegenen Aufenthaltsort, meistens einem feudalen Hotel in Gstaad, das für meinen Informanten jederzeit erreichbar war, wieder in die Firma zurückgekommen, nachdem mit Sicherheit keine Gefahr mehr bestanden hat. Ich habe dann sofort das ganze Kader zusammengerufen und den wagemutigen Untergebenen, der sich in meiner Abwesenheit exponiert hatte, fürchterlich zusammengestaucht. Ich bezichtigte ihn zunächst der Insubordination, weil er in meine Befehlsdomäne eingegriffen hatte. Ich brüllte, das nächste Mal hätte er gefälligst zu warten, bis ich, der Boss, wieder zurück sei. Ich wies ihm sodann in aller Ausführlichkeit nach, dass alles, aber auch restlos alles, was er angeordnet hatte, falsch gewesen sei.

Nach überzeugender Beweisführung, die durch einige wohlberechnete und wirksame Faustschläge auf den Tisch untermauert wurde, verfügte ich im Moment, da die ganze Versammlung völlig zerschmettert und verschüchtert war, seine schimpfliche Versetzung auf einen unwichtigen Nebenposten in einer Filiale der Luxmetall AG in Brasilien und übernahm sodann siegreich und triumphierend wieder das Schiff, das er vor dem Untergang bewahrt hatte. Ich unterliess natürlich nicht, gebührend zu betonen, dass das Wiederflottmachen des von diesem unfähigen Einmischling völlig zusammengerittenen Wracks für mich ein unendliches Opfer bedeute und dass ich es nur mit der Hilfe aller, und wenn mir das Schicksal gnädig gesinnt sei, wieder zum Schwimmen bringen könne.

Dieses Vorgehen, das ich mehrere Male angewandt habe, hat sich regelmässig sehr bewährt. Meine Autorität ging aus solchen Krisen immer gestärkt hervor. Ich gestehe, dass ich diese Methode nicht selber erfunden, sondern sie meinem grossen Vorbild, dem Général de Gaulle, abgeguckt habe. Sie werden sich sicherlich erinnern, dass er, als im Jahre 1968 die grossen Studentenunruhen unter der Führung Cohn-Bendits La grande France in ihrem Fundament erschütterten und er nicht nur für sein Land, sondern für sein Leben fürchten musste, plötzlich spurlos verschwunden ist.

Der damalige Ministerpräsident, Monsieur Pompidou, übernahm dann das Staatsruder und konnte nach einiger Zeit die Krise erfolgreich meistern. Nachdem wieder Ruhe eingekehrt war, kam Mon Général im Triumph nach Paris zurück. Er hatte sich in den Schutz seiner damals allein noch zuverlässigen Besatzungstruppen in Deutschland begeben und behauptete, er hätte seine Zeit nützlich mit militärischen Inspektionen verbracht. Als ersten Schritt nach seiner Rückkehr setzte er M. Pompidou nach einem gewaltigen Donnerwetter im Ministerrat brüsk an die Luft. Für M. Pompidou mag es tröstlich gewesen sein, dass er nachher doch noch zum Präsidenten gewählt wurde, aber eben erst viel später, nachdem Monsieur Le Général zurückgetreten war. Es ist wohl möglich, dass meinem nach Brasilien versetzten Filialleiter das gleiche Schicksal auch widerfährt, was ich allerdings nach Möglichkeit zu verhindern trachte. Es mag für ihn aber ein Hoffungsschimmer sein.

Wie mache ich mich als Boss unentbehrlich?

Der oberste Grundsatz, den es zu befolgen gilt, ist, immer wieder seine eigene Unentbehrlichkeit unter Beweis zu stellen, indem durch geeignete Massnahmen gezeigt wird, dass jeder potentielle Nachfolger mir in Hinsicht auf meine Tätigkeit und Erfahrung bei weitem nachsteht.

Ich habe mir deshalb stets jede Entscheidung selber vorbehalten und bei jedem Untergebenen eine möglichst grosse Angst vor eigener Initiative entwickelt. Ich bezeichnete auch meine bedeutend jüngeren Direktoren als senil und verbraucht und ersetzte sie früh und systematisch durch noch jüngere Leute, die dann wieder einige weitere Jahre – während denen ich natürlich unentbehrlich blieb – brauchten, um in ihre neue Aufgabe hineinzuwachsen. Die Erfahrung hat mir gezeigt, dass häufiges und vor allem überraschendes Auswechseln der zweiten Garnitur das eigene Ansehen wie keine andere Massnahme zu fördern geeignet ist.

Ich begann auch vor nunmehr zwanzig Jahren, also bei Erreichung des 55. Altersjahres, systematisch von meinem Rücktritt zu sprechen. Ich terminierte diesen damals auf meinen 65. Geburtstag. Drei Jahre zuvor begann ich intensiv und betont auffällig, meine Nachfolge zu ordnen. Ich berief damals das erste Mal als Kronprinzen einen völlig unbekannten Manager aus einer gänzlich anderen Branche, von dem ich wusste, dass er von der Metallfabrikation und vom Handel mit diesen Fabrikaten gar nichts verstand. Ich habe zuerst diesen Mann fest engagiert und ihn hierauf meinen von mir übergangenen und natürlich enttäuschten Direktoren und erst dann dem Verwaltungsrat vorgestellt und seine nur mir bekannten Fähigkeiten in den glühendsten Farben geschildert. Ich habe ihn für ein halbes Jahr in eines der bekannten Managementinstitute geschickt und ihn sodann auf weiten Reisen alle unsere Filialen besichtigen lassen. Schliesslich wurde er in einer unserer Niederlassungen, möglichst weit weg, in Australien als Leiter eingesetzt.

Sein Ansehen und seinen Ruf habe ich während seiner Abwesenheit systematisch aufgebaut und damit jeder Kritik an meiner allgegenwärtigen Präsenz von vorneherein den Grund entzogen. Ich habe das zweitschönste Büro in der Chefetage mit dem Namen meines designierten Nachfolgers angeschrieben und es ostentativ leer und unbenützt gelassen. Bei jeder Gelegenheit habe ich auf die Türe mit dem Namen des von mir Auserwählten gezeigt und erklärt, er werde gegenwärtig im Ausland und nachher noch in meiner Nähe und unter meiner Anleitung auf seine schwierige Aufgabe sorgfältig vorbereitet.

Nach zirka vier Jahren, ich war damals 66 Jahre alt, habe ich meinen Kronprinzen zurückkommen lassen und einen grossen Firmenempfang mit anschliessendem Pressecommuniqué veranstaltet. Ich erklärte dabei, dass die zuerst vorgesehene Einarbeitung unter meiner Führung nicht notwendig sei, da mein Nachfolger, wie ich zuverlässig wisse, über alle notwendigen Erfahrungen verfüge. Ich selber sei meiner Verantwortung müde geworden und darum froh, dass ich das Steuer in so bewährte Hände legen dürfe. Ich habe ihm sodann von meinen verschiedenen Firmenämtern feierlich diejenigen des Delegierten des Verwaltungsrates und des Generaldirektors abgetreten, aber bescheiden das oberste Aufsichtsamt, nämlich das Präsidium des Verwaltungsrates, behalten.

Nach meiner sich bereits bei Krisen bewährten Methode bin ich dann auf eine Weltreise gegangen, wo man mich ganz unmöglich erreichen konnte. Selbstverständlich liess ich mich aber durch voradressierte Schreiben, die mich laufend in den verschiedenen Häfen, die wir anliefen, erreichten, von meiner alten Vertrauten über den Gang der Geschäfte und namentlich über die Erfolge, besonders aber die Misserfolge meines Nachfolgers, unterrichten. Diese Art der Benachrichtigung erwies sich als genügend, um ein Bild über den jeweiligen Zustand der Firma zu erhalten, da ich leider den Telexapparat nicht einsetzen konnte, weil dabei die Geheimhaltung gefährdet gewesen wäre.

Nach etwa drei Monaten kam ich dann wieder nach Europa. Ich schloss noch einen viermonatigen Erholungsaufenthalt in meinem bewährten Versteck im Engadin an, von dem wiederum niemand wissen durfte, ausgenommen natürlich meine vertraute Sekretärin.

Im Unternehmen waren in der Zwischenzeit, wie ich es erwartet hatte und wie ich laufend informiert wurde, einige Schwierigkeiten entstanden. Es war verständlich, denn mein Nachfolger musste sich ja zuerst einarbeiten und seine Autorität festigen.

Ich begann deshalb nach meiner Rückkehr zunächst einige harmlos scheinende Spaziergänge in die Fabrik zu machen und führte als Verwaltungsratspräsident und früherer Alleinboss einige Gespräche mit den unmittelbaren Untergebenen meines Nachfolgers. Natürlich waren diese Direktoren, die teilweise selber gehofft hatten, meinen Stuhl einzunehmen, auf ihn eifersüchtig. Wenn ich mich deshalb sorgfältig über den Gang der Geschäfte zu erkundigen begann und Zweifel an der Zweckmässigkeit gewisser neuer, mir durch meine Vertraute übermittelter Anordnungen und Weisungen meines Nachfolgers anbrachte, stimmten sie in die erhobene Kritik freudig ein. Ich wies dann darauf hin, dass verschiedene seiner Unzulänglichkeiten mir natürlich von Anfang an klar gewesen seien, dass diese aber mit der Zeit wohl verschwinden würden. Ich machte dann meine Gesprächspartner darauf aufmerksam, dass ich für wohlbegründete Kritik jederzeit ein Ohr für sie hätte. Schliesslich sei ich ja nach wie vor Verwaltungsratspräsident und deshalb auch für die oberste Aufsicht und Kontrolle des Unternehmens verantwortlich. Ich erkundigte mich eingehend danach, ob sich mein Gegenüber durch die Wahl meines Nachfolgers in seiner bisherigen Stellung zurückgesetzt oder benachteiligt fühle und deutete an, dass ich über dessen bisherige Leistungen leicht enttäuscht sei. Ich wiederholte und variierte diese Gespräche mit allen möglichen leitenden Angestellten. Wie vorauszusehen war, hielten die von mir Angesprochenen nach einigem Zögern und einem gewissen anfänglichen Misstrauen über die von mir verfolgten Ziele mit ihren Gefühlen nicht zurück, umsomehr als ich über die unvermeidlichen Anfangsschwächen, die mein Nachfolger sich gegenüber einzelnen seiner Gefolgsleute zuschulden kommen liess, bestens orientiert war, da meine Vertraute im Geschäft nach wie vor emsig damit beschäftigt war, alles für mich Nützliche aus den obersten Etagen zu sammeln und an mich weiterzuleiten. Ich verfehlte schliesslich nicht, gegenüber einigen dieser Auskunftspersonen, die ein gewisses Gewicht hatten, sorgfältig anzudeuten, ich würde gelegentlich dem von mir präsidierten Verwaltungsrat, in dem meine Stimme schliesslich immer noch ein gewisses Gewicht habe, den Vorschlag für eine Lohnaufbesserung unterbreiten.

Drei Wochen nach meiner Rückkehr hatte ich über mein Schlachtopfer genügend Material beisammen, um meine sorgfältig vorbereitete Offensive erfolgreich starten zu können. Ich wählte einen Zeitpunkt, da sich mein Nachfolger auf einer längeren Geschäftsreise im Ausland befand und nur relativ schwer erreicht werden konnte. Ich berief, sobald er abgereist war, eine dringliche Verwaltungsratssitzung ein. In seiner Abwesenheit begann ich zu erläutern, dass mein Nachfolger sich zu meinem Leidwesen, sobald er sein Amt angetreten habe, völlig anders entwickelt habe, als es voraussehbar gewesen sei. Ich schilderte mit glühenden Worten, denn die Gabe der Rede ist mir, ich bemerke es mit Stolz, auch heute noch gegeben, und einzelnen recht aufgebauschten und drastisch dargelegten Beispielen seine vollständige, ja totale Unfähigkeit, als verantwortlicher Leiter der Firma zu wirken. Er hätte nicht nur eine völlige Verunsicherung in das Unternehmen gebracht und seine Untergebenen würden alle weglaufen, sondern auch in kommerziellen Fragen hätte er die Firma in der kurzen Zeit seines Wirkens bereits an den Rand des Ruins gebracht, was aus den neuesten Zahlen der Buchhaltung hervorgehe. Diese Unterlagen hatte ich mir vorher sorgfältig vom übergangenen Finanzchef zusammenstellen und entsprechend frisieren lassen. Der Konkurs der Luxmetall AG sei unabwendbar, wenn mein Nachfolger weiter im Amte bleibe. Schnellstes Handeln sei deshalb geboten. Da höchste Not am Manne sei, würde ich mich, obwohl ich mich auf mein wohlverdientes Otium cum dignitate seit Jahren gefreut hätte, noch einmal als oberster Boss zur Verfügung stellen, aber nur für ganz kurze Zeit und lediglich bis ein tüchtiger neuer Chef gefunden sei. Allein auf diese Weise sei eine Rettung des bereits bös angeschlagenen Unternehmens möglich. Es gelte selbstverständlich auch das Gesicht zu wahren. Da aber gerade das Präsidium des Industrievereins frei geworden sei und man dort dringend einen neuen Vorsitzenden brauche, beantrage ich, dass mein Nachfolger von der Firma dorthin mit nur leicht reduziertem Salär delegiert werde. Unser Haus hätte die bewährte Tradition, seine besten Leute für das allgemeine Wohl und die Öffentlichkeit zur Verfügung zu stellen. Einmütig beschlossen die Verwaltungsräte, die sich aus Furcht, nicht mehr vorgeschlagen zu werden und damit ihre Tantièmen zu verlieren, nie gegen meine Vorschläge zu stellen wagten, entsprechend vorzugehen.

Am nächsten Tag nahm ich befriedigt meinen alten angestammten Platz im Chefbüro wieder ein. Ich liess die Effekten meines Nachfolgers in einen kleinen, unscheinbaren Raum im vierten Stock unseres Hochhauses schaffen. Ich hatte ihm seine Absetzung und gleichzeitig seine ehrenvolle Ernennung zum Präsidenten des Industrievereins per Fernschreiben mitgeteilt und ihm empfohlen, in Neuseeland, wo er sich damals gerade befand, noch drei Wochen Ferien anzuschliessen, da es ihm natürlich ab sofort nicht mehr gestattet sei, dort als Boss der Luxmetall AG aufzutreten.

Als er drei Wochen später betreten und deprimiert, aber doch gefasst, im Unternehmen wieder auftauchte, war er fast vergessen. Alle seine Anordnungen waren bereits von mir aufgehoben und geändert worden. Der frühere bewährte Zustand war wieder hergestellt. Er kam sich denn auch bald recht überflüssig vor und nahm still seinen Platz im vierten Stock ein. Er sitzt seither die ersten drei Tage der Woche beim Industrieverein und während der restlichen zwei Tage schreibt er an der Geschichte der Luxmetall AG, die rechtzeitig für das Jubiläum ihres fünfundsiebzigjährigen Bestehens, das wir in vier Jahren feiern werden, herauskommen soll.

Ich selber begann indessen mein Nachfolgespiel wieder von neuem. Nach einiger Zeit konnte ich der Firma erneut einen geeigneten Mann empfehlen, und er benötigte wiederum vier Jahre, bis er mein Amt als Boss übernehmen konnte.

Diesmal war die Situation für mich kritischer. Der Nachfolger – er hatte es in einem Chemieunternehmen schon recht weit gebracht und hatte vorher lange in einer Bank gearbeitet – war nämlich effektiv tüchtig. Es erhoben sich mehr und mehr immer lauter werdende Stimmen, die meine Ablösung durch den bereitstehenden Kronprinzen forderten.

Schliesslich – nachdem einige von missgünstigen Aktionären und der Konkurrenz inspirierte Zeitungsartikel erschienen und mir in einer Aktionärsversammlung auch unendlich viele Sottisen an den Kopf geworfen worden waren, entschloss ich mich zum Rücktritt. Ich machte aber den herangezüchteten Nachfolger nicht zum Alleinboss, sondern ich teilte die Macht sorgfältig so auf, dass gewichtige Differenzen unausbleiblich sein mussten. Mein Kronprinz wurde Delegierter des Verwaltungsrates, was ungefähr dem Generalbevollmächtigten in Deutschland entspricht. Gleichzeitig holte ich einen sehr tüchtigen jungen Ingenieur von 37 Jahren, der sich in unserer Filiale in Mexiko die Sporen abverdiente, zurück und ernannte ihn ebenfalls zum Delegierten mit den gleichen Rechten, wie sie der Kronprinz erhalten hatte. Der aufstrebende, ehrgeizige Jüngling wurde technischer Oberleiter, der leicht abgehalfterte und darüber auch erwartungsgemäss enttäuschte Kronprinz kaufmännischer und administrativer Boss. Beiden vor die Nase, sozusagen als «Schiedsrichter» setzte ich als neuen Verwaltungsratspräsidenten den mir wohlbekannten, äusserst dynamischen, aber auch recht jungen obersten Chef einer Treuhandgesellschaft, der als nach oben drängender Jurist von der Metallverarbeitung nichts verstand.

Mir selber reservierte ich das Präsidium aller Pensionskassen, ich verblieb auch an der Spitze einiger Tochtergesellschaften und hatte so Gelegenheit, wann immer es mir passte, in der Firma zu erscheinen und vor allem dort herumzuhorchen. Ich verliess meine feudale Präsidialsuite und zog mich nach Hause zurück, behielt aber meine altbewährten Verbindungen.

Es kam wie es kommen musste und wie ich es auch erhofft hatte. Zuerst begann ein mörderischer Streit zwischen dem älteren, ursprünglichen Kronprinzen und dem jungen Ingenieur. Nachdem die Produktion fast lahmgelegt worden war, entschloss sich schliesslich der Verwaltungsrat, dem Ingenieur zu kündigen, bestimmte aber, dass der Treuhand-Direktor als Verwaltungsratspräsident sein besonderes Auge auf den Kronprinzen zu richten habe, da dieser offenbar einen wenig verträglichen Charakter habe. Die Folge war, da der Treuhand-Direktor sich zu sehr um die Geschäftsführung kümmerte, von der er sehr wenig verstand, dass ein zweiter heroischer Kampf mit dem Kronprinzen begann, der sich nach seinem Sieg über den Ingenieur als praktischer Alleinherrscher gefühlt hatte. Die Verhältnisse spitzten sich so zu, dass Kronprinz und Präsident dem Verwaltungsrat je ihren eigenen Rücktritt ankündigten, wenn der andere nicht augenblicklich seiner Funktionen enthoben werde. Noch während der Verwaltungsrat beriet, hatte der Kronprinz einen völligen Nervenzusammenbruch und musste sich einer längeren Kur in einer Heilanstalt unterziehen. Er wurde natürlich sofort von seinen Funktionen entbunden.

Nachdem er sich erholt hatte, wurde er unter Weiterzahlung eines Teils seines Salärs der Schweizerischen Eidgenossenschaft als Delegierter für die Kontrolle der Reinheit der schweizerischen Rinderrassen zur Verfügung gestellt. Er arbeitet auch heute noch in Bern zur vollen Zufriedenheit unserer Behörden, die uns äusserst dankbar dafür sind, dass wir ihn ihnen abgetreten haben.

Der Präsident versuchte eine gewisse Zeit lang, allein die Firma weiterzuführen. Er musste aber bald einsehen, dass es für ihn ein Ding der Unmöglichkeit war. Einen neuen obersten Direktor konnte ihm anderseits das Unternehmen nicht liefern. Es blieb schliesslich ihm selber und dem Verwaltungsrat, wie ich es erhofft und einkalkuliert hatte, nichts anderes übrig, als wieder auf mich, den bewährten Vorgänger zurückzugreifen. Ich stellte die Bedingung, dass ich in meine volle alte Stellung eingesetzt werden müsste, was auch seinen Rücktritt als Präsident bedingen würde, da er sich in dieser Stellung nicht bewährt habe. Er akzeptierte schliesslich zähneknirschend. Damit sass ich wiederum, nunmehr 72 Jahre zählend, in der Chefetage und geniesse seither meine zurückeroberte Machtposition.

Mein dritter Nachfolger wird in einem Monat aus Indien, wo er zurzeit unsere Filiale leitet, heimkommen, um sein neues Amt anzutreten. Ich bin zurzeit damit beschäftigt, seine nachher in Bälde erfolgende Absetzung sorgfältig vorzubereiten und bin eigentlich sehr zuversichtlich, dass es mir auch ein drittes Mal ohne besondere Schwierigkeiten gelingen wird.

Es bedarf aber noch zahlreicher weiterer Massnahmen, die wohl überlegt sein wollen, um die eigene Unentbehrlichkeit zu garantieren. Es gibt ja neben dem jeweiligen «Nachfolger» stets auch andere, die sich zum Firmenleiter berufen fühlen und eifrig an den Beinen meines Präsidentenstuhles sägen. Es ist deshalb Pflicht des machtbewussten Bosses, der seine Stellung halten will, unter seinen möglichen Nebenbuhlern ein stetes Gefühl der Unsicherheit und des Ausgeliefertseins wach zu halten, mit dem jede Hoffnung auf ein Aufmucken im Keim erstickt wird. Ein probates und immer wirksames Mittel ist das sogenannte «Köpferollenlassen». Es wird ausgeübt durch möglichst überraschende und auch keineswegs irgendwie gerechtfertigte, willkürliche Umbesetzungen im obersten Kader. Besonders notwendig und nützlich sind solche Massnahmen gegenüber Leuten, denen man in schwacher Stunde einmal eine mögliche Beförderung oder eine Lohnaufbesserung in Aussicht stellen musste, wie es für mich nötig wurde, als ich meine jeweiligen Nachfolger wieder aus ihrer Stellung eliminierte.

Im letzten Jahr habe ich zum Bespiel den Verkaufsleiter der Abteilung Turbinen mit der Begründung, seine Produkte hätten bei verschiedenen Lieferungen Anlass zu bösen Mängelrügen gegeben (was zwar richtig war, aber durchaus im üblichen Rahmen geschehen ist), zum Leiter des Departementes Kranenverkauf in unserer Filiale in Deutschland degradiert. Den Marketingleiter, dem ich den Vorwurf machte, seine Öffentlichkeitsarbeit sei ohne jeden Pfiff und jegliches Gran von Phantasie, habe ich zum Stellvertreter des Personalchefs ernannt.

Wirklich tüchtige Leute, die tatsächlich unentbehrlich sind, habe ich ihre Stellungen austauschen lassen. Ich erzeugte auf diese Weise jeweilen eine ganz erhebliche Unruhe, die sich äusserst heilsam auswirkte. Überall, wo ich erschien, verstummte ein überall gegenwärtiges Raunen, wer wohl der nächste in der Reihe sei, der abgeschossen werde. Durch diese Auswechslungen und Verschiebungen werde ich auch immer mehr der einzige erratische Block im Betrieb, der nie ins Wanken gerät. Man kann mich einfach nicht mehr entbehren, da sonst wirklich niemand mehr da wäre, der das Ganze zusammenhalten könnte.

Die äusseren Zeichen der Macht

Der Boss, der auch Boss bleiben will, sorge dafür, dass die Zeichen seiner Macht stets allgegenwärtig und sichtbar sind. Diese Zeichen haben in seltenen Fällen, und schon gar nicht bei mir, etwas mit Prunk zu tun. Kaiser Wilhelm der Zweite oder in jüngster Zeit Kaiser Bokassa, sind denn auch absolut und in keiner Weise meine Vorbilder.

Im Gegenteil, es gehört zum Bild meiner Macht, bisweilen betont bescheiden, um nicht zu sagen ärmlich, aufzutreten, weil ich mir das eben leisten kann. Ich bin so bis vor etwa 15 Jahren häufig mit dem Fahrrad ins Geschäft gefahren und habe auch mit diesem Vehikel weite Ferienreisen gemacht, die ich gebührend publizistisch ausgewertet habe. Ich fuhr einmal per Rad in drei Wochen nach Istanbul. Ich erzählte allerdings nie, dass Rad und ich von dort in einem Charterflugzeug wieder in meine Heimatgefilde zurückbefördert wurden.

Nein, die Zeichen der Macht sind nicht solche von Pracht. Der Mächtige hat aber stets das Gefühl zu vermitteln, er könne sich alles, auch die grössten und unsinnigsten Extravaganzen, leisten, wenn er es nur wolle.

Der Erfolgreiche muss, und das ist entscheidend, im Beruf und im Privatleben Mittel seiner Macht benützen können, die ein anderer nicht hat und vor allem nicht haben kann. Welcher Natur diese Mittel sind, ist ziemlich gleichgültig. Sie müssen lediglich Symbolcharakter haben, sie sind da, um ihn vor den anderen auszuzeichnen, und sie haben, und das ist das Entscheidende, für diese unerreichbar zu sein. Solche Machtsymbole, und wie man sie einsetzt, kann ich Ihnen nachstehend deren einige beschreiben.

Meine Chefsekretäre

Ich habe mir in meiner Stellung schon längst abgewöhnt, Briefe selber zu diktieren; ich unterschreibe nur solche, die andere verfasst haben. Ein wirklicher Boss hat Gescheiteres zu tun, als sich mit Korrespondenzen abzugeben. Dafür habe ich zwei Sekretäre, Juristen von Hause aus, engagiert. Ich habe sie persönlich sehr sorgfältig ausgewählt. Sie sind nicht sehr begabt, aber in der Lage, nach Anweisung getreulich Briefe zu verfassen und zu beantworten. Sie sind so anpassungsfähig, dass sie ihre Schriftstücke in einem Stil und in einer Diktion verfassen, von der sie glauben, sie sei die meinige. «Wie er räuspert und wie er spuckt, das habt ihr ihm glücklich abgeguckt», heisst es bekanntlich in Wallensteins Lager. Ich habe diese beiden Lakaien so beeinflusst, dass ihre Hauptbeschäftigung ist, herauszufinden, was der nächste Wunsch, die nächste Marotte von mir, dem allmächtigen Boss, sein könnte.

Für mich Nichtakademiker, der schon seit Jahren seinen Ehrendoktor der Kunstgeschichte emsig vorbereitet, sind diese treuen Eckermänner von unschätzbarem Nutzen. Ich pflege nicht nur ihre Briefentwürfe immer und immer wieder mit stilistischen Nichtigkeiten zu korrigieren, sondern sie auch an den Direktionssitzungen abzukanzeln und schildere bewegt ihre Unfähigkeit. Sie lassen sich diese Beschimpfungen mit gesenktem Blick, wie Schafe, gefallen. Sie wissen, dass sie eine adäquate Stelle nur mit Mühe finden werden, denn sie erhalten für die Rolle, die sie ad meam majorem gloriam zu spielen haben, ein fürstliches Salär. Dieses Geld sind sie mir wohl wert.

Meine persönliche Sekretärin

Ganz anders halte ich es mit meiner von mir überall bewusst «meine rechte Hand» genannten Sekretärin. Je älter ich selber werde, desto jünger, schöner, sprachenkundiger, gescheiter und vor allem teurer hat sie zu sein. Es gehört zum Bild, das sich die andern von mir machen sollen, dass nur die beste weibliche Kraft im Hause der Gnade teilhaftig wird, mir in meiner schweren und verantwortungsvollen Arbeit behilflich zu sein.

Brauche ich eine solche Hilfe, so lasse ich sie durch eine spezielle «Chefsekretärinnenagentur», die sich vor einiger Zeit in der Stadt etabliert hat, suchen. Sie wird von einer im späteren Mittelalter befindlichen, modischen Platinblondine geleitet. Diese verfasst jeweils für mich aufwendige und grosse Inserate. Sie weiss genau, wen ich benötige.

Meine rechte Hand muss vor allem perfekt präsentieren. Sie hat das Gefühl der Jugend zu vermitteln, das mir selber, trotzdem ich mich bemühe, es mit allen Mitteln zu erhalten, doch so nach und nach abhanden kommt. Sie hat deshalb nicht nur hübsch, sondern vor allem auch gut gekleidet zu sein. Sie hat zahlreiche Aufgaben für mich zu erfüllen, nur das Briefeschreiben ist davon völlig ausgenommen; es ist mir – offen gesagt – sogar gleichgültig, ob sie überhaupt mit der Schreibmaschine umgehen kann. Dafür wählt sie die Blumen aus für mein Büro und begiesst sie regelmässig. Sie kocht mir um 10 Uhr morgens und um 3 Uhr nachmittags einen doppelten Espresso in einer echt italienischen Aufgussmaschine. Sie führt eine Liste der Geburtstage meiner Frau und meiner Kinder erster und zweiter Ehe. Sie sammelt sorgfältig alle Zeitungsausschnitte, in denen mein Name erwähnt wird und klebt diese in ein besonderes Erinnerungsbuch. Sie führt auch eine Sammlung von Briefmarken, die aus der Firmenkorrespondenz stammen. Wer weiss, vielleicht kann ich diese einmal verkaufen.

Sie nimmt meine Besucher am Etagenlift in Empfang und führt sie graziös, aber unnahbar, zu mir. Wird jemand zu mir eingelassen, so klopft sie nach einer Vietelstunde diskret an die Tür und schaut herein, um mir mitzuteilen, dass ich an einer wichtigen Sitzung erwartet werde. So teile ich meine Zeit nützlich ein, und dem Gast macht meine Arbeitslast einen grossen Eindruck.

Sie darf nie den Anschein erwecken, unbeschäftigt zu sein und sie hat da zu bleiben, wenn eine meiner Sitzungen bis nach Arbeitsschluss dauern sollte. Es ist ihr strikte untersagt, je von jemand anders als von mir einen Auftrag anzunehmen oder gar für einen meiner Untergebenen zu arbeiten. Für solche Dienste und für die eigentliche Arbeit sind die beiden Schreibgehilfinnen meiner Sekretäre vorhanden; hässliche, ältliche und mittelmässige Arbeitsbienen, die ihre Aufgaben recht und schlecht und vor allem stets mürrisch erfüllen.

Die Chefetage

Ich bin vor 29 Jahren oberster Boss der Luxmetall AG geworden. Eine der ersten Aufgaben, die ich an die Hand nahm, war die Konstruktion eines neuen Direktionsgebäudes. Ich sah sofort, welche Machtmittel aus der richtigen Konstruktion einer derartigen Behausung gewonnen werden können. Die Machtfülle des Chefs wird durch kaum eine andere Vorkehr so sicher zementiert wie durch die richtige Verwendung des Zementes durch die richtigen Architekten. Ich suchte mir deshalb einen willfährigen Häuserbauer und begann mit ihm zusammen sorgfältig zu planen. Vor rund 20 Jahren haben wir mit der Ausführung des Baus begonnen. Er umfasst fünf umfangreiche Stockwerke; die Direktion residiert in den beiden obersten. Darüber befindet sich die Chefetage, deren Planung ich meine ganz besondere Sorgfalt angedeihen liess. Sie ist bewusst in viel kleinerem Format gehalten und fällt als Attikageschoss flächenmässig zurück. Dafür grenzt sie an eine prächtige Terrasse, die einen mannigfachen Blumen- und Baumschmuck aufweist. Nur mit Mühe konnte ich meinen Architekten davon abhalten, noch einige romantische Seelein und Weiherchen anzulegen; ich weiss aber aus Erfahrung, dass diese tückischen Wassertümpel die üble Gewohnheit haben, sich von selber zu entleeren und irgendwo im Korridor des ersten Stocks oder in einer Toilette wieder zum Vorschein zu kommen.

Mein Freund, Lukas Ehrenberger, Direktor der Chemica AG, der die Idylle liebt und sich deshalb auf dem Dache seines Direktionsgebäudes vom bekannten Architekten Heinrich Markos derartige Wasserspiele einrichten liess, kann davon ein Lied singen. Die Chefetage selber besteht aus einem sehr grossen Raum, in dem ich residiere. Ein zweites, fast so grosses Büro ist für meinen jeweiligen Kronprinzen reserviert, der in meiner Nähe und unter meiner unmittelbaren Obhut zu sein hat. Es ist, wie gesagt, fast immer leer, da ich dafür sorge, dass mein Nachfolger, bis ihm die Schicksalsstunde schlägt, möglichst abwesend ist. Auf der andern Seite meiner Residenz befindet sich das Zimmer meiner Sekretärin.

Der grösste Raum ist der Direktionssaal, wo jeweils auch der Verwaltungsrat zusammenzukommen pflegt. Er ist, wie alle Räume in der obersten Etage, luxuriös ausgestattet und weist prächtige Bilder auf, die äusserst wichtig sind in meinen Bestrebungen, die Autorität des Chefs zu stützen, und von denen ich noch sprechen werde.

Die Chefetage enthält weiterhin ein kleines, wenig benütztes Sitzungszimmer mit einer prächtigen Aussicht, zwei bescheidene kleine Räume, die für meine beiden Sekretäre bestimmt sind und zwei noch kärglichere, in denen wiederum ihre Sekretärinnen hausen. Es ist zudem eine wohlausgerüstete Küche mit recht viel Geschirr vorhanden, die aber eigentlich nur von meiner Sekretärin benützt wird, um mir meinen Kaffee zuzubereiten. Mahlzeiten werden in der Kantine eingenommen, die sich in einem andern Gebäude befindet.

Benito Mussolini, dem ich vieles abgeguckt habe, hat mich gelehrt, mein eigenes Büro einzurichten. Er wusste, dass der Boss, der Autorität ausströmt, seine Besucher zuerst einen langen Anmarschweg im Gegenlicht durch seinen Arbeitsraum zurücklegen lässt, währenddem er ausgiebig Zeit hat, seinen Gast zu fixieren. Kommt dieser dann endlich zu dem – bewusst etwas erhöht angelegten – riesigen Schreibtisch, so ist er bereits genügend eingeschüchtert und naht sich mir in der wünschenswerten

Demut und Bescheidenheit. Nach einer kurz-barschen Aufforderung meinerseits bringt er dann jeweilen stotternd und stammelnd sein Anliegen vor. Der Weg von der Tür bis zum Arbeitstisch ist mit ausgesuchten, besonders dicken Perserteppichen belegt, sonst aber völlig ohne Möbel, ausser einigen Lehnstühlen, die an der Wand stehen. Das lautlose Schreiten auf weichen Unterlagen in einem grossen leeren Raum verstärkt den gewünschten Angsteffekt noch ganz erheblich.

Ich habe besonderes Gewicht darauf gelegt, dass sich die Chefetage aber auch sonst möglichst auffallend von den übrigen Stockwerken unterscheidet. Es gilt das einmal für die Ausstattung, bestehend aus altem Mobiliar, das von emsigen Antiquaren zusammengetragen wurde, und von in meinem Auftrag gesammelten, besonders schönen Gemälden. In den untern Etagen herrscht dagegen betont geschäftsmässige Nüchternheit mit Ausnahme der Bilder, auf die ich noch zurückkommen werde.

Das wichtigste Unterscheidungsmerkmal, das die Chefetage ganz besonders auszeichnet, bildet indessen die Einrichtung einer Klimaanlage.

Mit Klimaanlagen hat es in den mitteleuropäischen Ländern nördlich der Alpen eine besondere Bewandtnis. Niemand wird mir bestreiten, dass ihre Verwendung für Büros hierzulande gesundheitlich und namentlich energiepolitisch ein vollkommener Unsinn ist. Sie ist ein reines Prestigeobjekt, das dem Architekten ermöglicht, sein in Prozenten errechnetes Honorar zu erhöhen, eine unnötige Nachahmung amerikanischer Bauweise. Weil unsere wichtigste Konkurrenzfirma auf dem Platze, die Metalloform AG, ihr Direktions- und Verwaltungsgebäude mit einer vollständigen Klimaanlage ausgerüstet hatte, glaubten unsere Büroangestellten, sie müssten auch eine haben und bestürmten mich, als die Baupläne vorlagen, mit entsprechenden Petitionen. Sogar ein Betriebsvertreter der Angestelltenschaft kreuzte deswegen bei mir auf, von den Direktoren, die dieses Anliegen in jeder Sitzung vorbrachten, gar nicht zu sprechen. Ich blieb hart und konsequent. Ich hielt bereits vor zwanzig Jahren meinen Interpellanten vor, dass diese Verschwendung wertvoller Elektrizität nicht zu verantworten sei. Im Zeitalter des Energiesparens wurde ich mit dieser Auffassung zum Pionier!

Da ich aber nicht aus klimatischen, sondern aus machtpsychologischen Gründen unbedingt eine Klimaanlage, aber nur in der Chefetage, eingerichtet haben wollte, galt es, einen Plan zu finden, um dieses Ziel durchzusetzen, ohne eine allgemeine Revolution zu entfachen.

Nach einigem Überlegen bestellte ich einen Bauplan, wonach das oberste, zurückgesetzte Stockwerk vorerst als Raumreserve gedacht war, und liess mir ein einfacheres Büro in der Etage darunter einrichten. Nach einem Jahr Aufenthalt in diesem Raum erkärte ich dann, das Haus werde zu klein und es sei deshalb das oberste Stockwerk (das bereits entsprechend geplant war), als Chefetage einzurichten. Ich führte aus, in der Zwischenzeit hätte ich erkannt, dass die oberste Etage, die besonders der Sonnenbestrahlung ausgesetzt sei, unbedingt einer Klimaanlage, dieser an sich unerwünschten und kostspieligen Einrichtung, bedürfe. Ich drang, allerdings mit einiger Mühe, mit dieser Begründung schliesslich bei den Direktoren und dem Verwaltungsrat durch und liess dann eine entsprechende Anlage nur für das oberste Stockwerk erstellen.

Niemand vermag sich die Wirkung dieser für mich und mein Ansehen äusserst segensreich gewordenen Einrichtung vorzustellen. Mein unmittelbares Arbeitsfeld gewann damit etwas wie einen besonderen Nimbus – es ist angenehm kühl, wenn es sonst im Hause glühend heiss ist, es ist regelmässig durchwärmt, und man sieht keine Heizkörper. Obwohl sich diese Kühle in unserem gemässigten Klima nur während der relativ seltenen Hundstage auswirkt, bleibt der Glorienschein und der damit verbundene Neid derjenigen, die dieser Bevorzugung nicht teilhaftig werden durften, das ganze Jahr hindurch wirksam. Die Leute haben auch im Mai oder im Winter das Gefühl, die Chefetage sei gesünder, angenehmer und kühler, obwohl ich im Gegenteil unter dem ewigen Luftzug leide, ständig erkältet bin und sich

Nackenschmerzen einstellen. Aber ich leide gerne, so befriedigend ist es, die andern nach dieser vollklimatisierten Luft in meinen Räumen gieren zu sehen. Kaum wird es ein bisschen warm, hebt in den unteren Stockwerken ein allgemeines Gejammer an, es sei unmöglich, bei dieser Hitze zu arbeiten. Ich treffe zahlreiche Leute, die sich unter irgendeinem Vorwand zu meinen Sekretären, oder noch lieber zu deren trägen Sekretärinnen begeben, nur um, wie sie behaupten, wenn ich sie zur Rede stelle, etwas frische Luft zu schnuppern. Mein manchmal recht aufsässiger Finanzchef, der schon seit Jahren hofft, meinen Chefstuhl einnehmen zu können, was aber das Schicksal verhindern möge, wird vor Neid und Ärger bei jeder Hitzewelle regelrecht krank. Er kommt betont keuchend und schwitzend an die Direktionssitzungen und erklärt mit erstickter Stimme, er könne seine Zahlen nicht mehr addieren, solange er diese Arbeit unklimatisiert leisten müsse. Ich habe ihn, als er das erste Mal jammerte, auf den Stockzähnen lachend, angewiesen, mir einen Voranschlag für den nachträglichen Einbau einer Klimaanlage in den unteren Stockwerken zu unterbreiten, wohl wissend, dass die Kosten so hoch sind, dass er lieber transpirierend weiterleidet, als sein Buchhaltergewissen mit einer derart ungeheuren Ausgabe zu belasten. Er wagte dann aber gar den unverschämten Vorstoss bei mir, den leerstehenden, ebenfalls zum unerreichbaren Symbol gewordenen Arbeitsraum des Kronprinzen benützen zu dürfen, den ich natürlich energisch zurückweisen musste.

Was für eine segensreiche Einrichtung, eine solche Anlage! Segensreich nur deswegen, weil sie unterscheidet und mir, dem Boss, etwas vermittelt, was die andern nicht haben können.

Die Garage

Ein weiteres, äusserst probates Mittel, meine Mitbewerber um die geschäftliche Macht gebührend im Zaum zu halten, ist die richtige, d.h. möglichst unterschiedlich gestaltete Verteilung der Garagen- und allenfalls Parkplätze. Als wir das neue Direktions- und Verwaltungsgebäude erstellten, habe ich dem Parkproblem für die Direktionswagen und für die Autos der übrigen Angestellten ebenfalls meine ganz besondere Aufmerksamkeit gewidmet. Wir haben im Keller mit einer schneckenförmigen Zufahrt eine grosse Autoeinstellhalle mit drei Stockwerken konstruiert. Daneben bestehen weitere, entfernt gelegene Garagen und umfangreiche Parkplätze für die Angestellten und Arbeiter.

Die Autoeinstellhalle, die an sich im sozialpolitischen Prestige der Firma einen sehr hohen Rang einnimmt, habe ich bewusst und überlegt wiederum in verschiedene Abteilungen – natürlich alle mit festzugewiesenen Parkplätzen, eingeteilt. Zuoberst und nahe am Lift befindet sich die sogenannte Chefgarage. Sie ist für mich und für drei weitere von mir ausgewählte und bestimmte Direktoren reserviert. Daneben ist die Direktorengarage I, darunter die Direktorengarage II.

Die Chefgarage hat etwas grössere Plätze pro Wagen und eine breitere Zufahrt als die Direktorengarage I, die ihrerseits wiederum verschiedene Vorzüge und Bequemlichkeiten gegenüber der Direktorengarage II aufweist.

Ein Platz in der Chefgarage gibt ferner ein Anrecht darauf, dass der Garagenleiter und seine Gehilfen die dort befindlichen Wagen stets perfekt sauber zu halten und kleinere Reparaturen auszuführen haben. Die Besitzer der Wagen in der Direktionsgarage I haben aber immerhin noch Anspruch auf eine Reinigung ihres Wagens, allerdings aber nur einmal pro Woche, während in der Direktorengarage II keine Dienstleistungen irgendwelcher Art ausgeführt werden.

Es ist für jeden meiner ehrgeizigen Manager eine enorme Auszeichnung, wenn er von der Direktorengarage II in die Nummer I vorstossen darf. Seinen Wagen aber in der Chefgarage unterstellen zu dürfen, kommt der Auszeichnung mit dem Grossen Bundesverdienstkreuz gleich, aber mit dem entscheidenden Unterschied, dass dieser Orden auf Lebenszeit verliehen wird, während ich mit der Verteilung der Garagenplätze natürlich ein weiteres Mittel in der Hand habe, um den unbotmässigen Ehrgeiz meiner Leute zu zügeln.

Zusammen mit der Verteilung der Gratifikation zu Beginn des Monats Dezember erfolgt jeweils auch die Chefweisung Nr. V über die Verteilung der Garagenplätze im kommenden Jahr. Die Direktoren, die ich fördern will, steigen auf und diejenigen, die ich gerechterweise demütigen muss, haben ihren Autoplatz mit einem rangniedrigeren zu vertauschen; eine Strafe, die sie mehr kränkt, als wenn sie in die Filiale der Luxmetall AG in Thailand versetzt werden.

Natürlich muss für eine derartige Degradierung immer ein anständiger und vertretbarer Vorwand gesucht werden; dieser will aber auf jeden Fall so formuliert sein, dass jeder versteht, was er zu bedeuten hat.

Der aufsässige Direktor Herzog, der Leiter der Abteilung Formprofile für Aluminiumboxen, der von mir zuerst enorm bevorzugt wurde, dann aber bald eine recht impertinente Haltung angenommen hat und dadurch mein Missfallen erregte, erhielt von meinem Sekretär I ein nach meinen Angaben verfasstes und von ihm in meinem Namen unterzeichnetes Schriftstück, worin ihm bedeutet wurde, er hätte zu meinem überaus grossen Bedauern seinen bisherigen Platz in der Chefgarage mit demjenigen von Direktor Adelmann in der Garage II zu vertauschen. Herr Direktor Adelmann leide, wie er wisse, unter schweren rheumatischen Anfällen. Diese Krankheit bedinge, dass er möglichst wenig der Zugluft ausgesetzt sei, weshalb die kleinere Chefgarage für ihn günstiger sei als die sehr grosse Direktorengarage II, in der ein ständiger, unangenehmer Luftzug herrsche. Direktor Herzog war durch diesen Entscheid äusserst betroffen und meldete sich einige Tage krank.

Nachher kam er als völlig verwandelter Mensch wieder in die Firma und ist seither unglaublich bescheiden und zuvorkommend. Ich habe bereits vorgesehen, ihm im nächsten Dezember wieder einen Platz in der Direktorengarage I zuzuweisen.

Die Mittagstafel

Die Luxmetall AG hat, wie alle ihre Konkurrenzfirmen, vor etwa 15 Jahren die englische Arbeitszeit eingeführt, was den Bau und Betrieb von Kantinen notwendig gemacht hat. Ich habe als Boss die Einteilung und die Rangordnung dieser Essräume vorgenommen und mich eingehend um die Planung gekümmert.

Selbstverständlich wurden neben mehreren grossen Kantinen für die Arbeiter, die diesen ein sehr einfaches, dafür aber äusserst billiges und von der Firma subventioniertes Mittagsmahl liefern, einige Angestellten- sowie eine untere und eine mittlere Kader- und schliesslich eine Direktionskantine eingerichtet mit entsprechenden Qualitäts- und Preisabstufungen für Speis und Trank.

Alle Direktoren, ich als einziger ausgenommen, waren gehalten und verpflichtet in der ihnen zugewiesenen Kantine ihr Essen einzunehmen. Ich selber begab mich indessen um 11.40 Uhr, bevor der ganz grosse Verkehr einsetzte, nach Hause. Ich kam nach einer Siesta um 15.00 Uhr wieder in die Fabrik. Nur mir allein war es erlaubt, mit der Familie zu speisen. Obwohl das Essen in der Direktionskantine viel feiner war als bei mir zu Hause, versuchten verschiedene meiner Untergebenen das gleiche Privileg zu erlangen. Sie erzählten mir jeweils lange Geschichten von Magengeschwüren, einer besonderen Diät, die ihnen der Arzt verschrieben hatte und so fort. Ich hatte indessen derartige Gesuche vorausgesehen und deshalb von vornherein einen Diätkoch engagiert. Schon seine Existenz allein und die Gewissheit, dass ein Dispensationsgesuch nicht nur keine Aussicht auf Erfolg hatte, sondern unweigerlich zu einer echten und von mir durch Augenscheine überwachten strengen Diät führte, beschränkten bald entsprechende Begehren auf eine Sonderbehandlung auf ein Minimum. Den bald arbeitslos gewordenen Diätkoch behielt ich indessen und bezahle ihn gut. Ich wusste zu gut, dass alle Magengeschwüre sofort ausgebrochen wären, wenn ich ihn entlassen hätte. Ich habe als Boss nach langen Jahren gelernt, dass zahlreiche Leute in einer Firma nur durch ihre Existenz viel mehr einbringen als durch ihre Arbeitsleistung.

Ich begebe mich aber nicht für jedes Mittagsmahl nach Hause. Selbstverständlich hatte ich nicht unterlassen, einen besonderen Gästespeiseraum erstellen zu lassen, der praktisch für mich allein und einige von mir Auserwählte bestimmt ist. Ich benütze diesen Raum, wenn Besucher da sind, die bedeutend genug sind, um mit mir zu dinieren, was relativ selten der Fall ist, aber auch, wenn es mir aus irgendeinem Grund nicht passt, nach Hause zu gehen. Es ist dann eine ganz besondere Gunst, wenn ich einen oder mehrere meiner Mitarbeiter (wie ich sie in solchen Fällen zu nennen pflege) dazu einlade, meine Mittagstafel zu teilen. Mit gezielten Ein- und besonders Nichteinladungen bin ich in der Lage, eine gewaltige Unruhe bei den von mir Abhängigen zu erzeugen. Vor drei Wochen, als ich mit meiner besseren Hälfte gerade Streit hatte und mich entschloss, während einiger Tage in der Firma zu essen, lud ich bewusst nicht meinen ewig nörgelnden Besserwisser von Finanzdirektor, sondern den ihm unterstellten, sehr nüchternen und pflichtbewussten Chef der Buchhaltung zum Essen ein. Es war unvorstellbar, welche Schleichwege der Finanzgewaltige einschlug, um auch an der begehrten Tafelrunde teilnehmen zu dürfen. Er fragte meine Sekretärin, ob der Boss sich wohl geirrt habe oder ob die Einladung versehentlich nicht an ihn übermittelt worden sei. Er liess mir sodann ein Billet zukommen, er müsse unbedingt die Jahresbilanz mit mir vorbesprechen und der geeignetste Zeitpunkt scheine ihm ein – wie er es nannte – Arbeitslunch zu sein. Ich liess ihm höflich erwiedern, dass ich ihm gerne eine halbe Stunde nach Arbeitsschluss für die von ihm gewünschte Besprechung einräumen werde. Er erschien dann äusserst mürrisch und konnte die Bemerkung nicht unterdrücken, er habe nur meinetwegen Gäste, die er zum Nachtessen erwartet habe, wieder ausladen müssen. Ich empfand über diese Reaktion äusserste Befriedigung, wenn auch das Mittagsmahl mit dem Buchhaltungschef von ausserordentlicher Langeweile gewesen war.

Das Steckenpferd als Mittel

Eines der wichtigsten Instrumente zur Erhaltung der internen Macht im Betrieb und derjenigen gegenüber der Mitwelt ist für den alternden Boss sein privates Hobby, das möglichst kostspielig und vor allem publik sein muss.
Da mir, sobald ich die oberste Stufe der Macht erklommen hatte, bewusst und klar war, was mit einem sorgfältig vorbereiteten, und vor allem geschickt propagierten Steckenpferd alles erreicht werden kann und welchen Stellenwert es für die Erhaltung und Vermehrung des persönlichen Einflusses bedeutet, habe ich mich, bevor ich meine Wahl traf, zuerst sehr sorgfältig umgesehen. Ich wollte damit zwei Zwecke miteinander verbinden.
Einmal hatte ich die Absicht, damit Einfluss auf die Öffentlichkeit zu gewinnen, um für mich, meine Firma und Personen, die mir nahe standen, erreichen und durchsetzen zu können, was mir jeweils als begehrenswertes Ziel vorschwebte.
Die zweite damit verbundene Absicht war, meine höheren Untergebenen auch in ihrem Denken und Fühlen, in ihrem persönlichen Geschmacksempfinden und in ihrem Werturteil von mir abhängig werden zu lassen.
Es ist klar, dass nicht jedes Hobby für den Firmenchef zur Erreichung seiner Ziele gleich brauchbar ist. Die von ihm erwählte sogenannte Freizeitbeschäftigung muss vielmehr auch für unbeteiligte Dritte der Persönlichkeit und dem Charakter des Sammlers, Mäzens oder was er nun werden will, entsprechen. Es gibt dabei die verschiedensten Möglichkeiten:

Mein deutscher Freund, Rüdiger Nelkenberg beispielsweise, der eine grosse Textilmanufaktur sein Eigen nennt und es zudem möglich macht, sozialistischer Abgeordneter im Bundestag zu sein, darf sich in dieser zweiten Eigenschaft natürlich keine kostspieligen Extravaganzen leisten, da ihm das bei seinen Anhängern anlässlich der nächsten Wahlen schaden könnte. Er kam deshalb auf eine geniale Idee. Sein Hobby, das einerseits sehr billig ist und ihn anderseits äusserst populär macht, ist das Wandern. Er verwendet dieses Steckenpferd äusserst erfolgreich im Wahlkampf. Er marschiert, umgeben von einer grossen Schar von Sympathisanten, hauptsächlich mittelalterlichen Frauen mit weit aufgerissenen, leuchtenden Augen und gebührend verfolgt von zahlreichen, mit viel Kunst neugierig gemachten Reportern, in seinem Wahlkreis von Ort zu Ort. Er putzt sich jeweils den rinnenden Schweiss von der Stirn, weist beiläufig auf seine staubigen Marschschuhe und hält dann eine flammende Rede über die sozialen Errungenschaften, die in seinem Land alle geschaffen werden, wenn er, der Fabrikant Rüdiger Nelkenberg, gewählt werden sollte.

Der Erfolg ist ihm jeweilen sicher. Die Kombination grosser Fabrikant, der das einfache Leben liebt, zieht immer.

Obwohl er viel im Parlament sitzt, bewahrt er mit seinem Steckenpferd aber auch die Autorität in seinem Unternehmen mit grösstem Erfolg. Er kommandiert nämlich jeweils am zweiten Samstag jeden Monats vom Mai bis in den Oktober seine gesamten Führungskräfte vom Prokuristen bis zum Generalbevollmächtigten auf einen anstrengenden Tagesmarsch. Die Teilnahme ist zwar nicht zwingend vorgeschrieben, jeder weiss aber, dass es mit seiner weiteren Karriere aus ist, wenn er nicht mitläuft. Alle wichtigen Firmenprobleme werden nämlich an der obligaten Vesper, die sich an den Marsch anschliesst und die an einem unbekannten Ort von fünf Uhr nachmittags bis acht Uhr abends dauert, durchgesprochen. Zu weiteren Kaderbesprechungen hat Herr Nelkenberg meist auch gar keine Zeit.

Jeder, ob gichtbrüchig oder an Krücken humpelnd, reisst sich deshalb darum, dabei zu sein. Mein Freund Nelkenberg dosiert betulich und mit Vorbedacht die jeweilige Marschleistung.

Sind seine Kronprinzen in einer aufsässigen Stimmung oder droht eine Palastrevolution, so ist das Marschtempo schnell und die zurückzulegende Strecke äusserst lang, steil und beschwerlich. Sind sie gefügig und folgsam, so handelt es sich um einen gemütlichen Bummel. Nelkenberg selbst ist natürlich wohl trainiert, hält sich fit und bereitet sich auch körperlich entsprechend vor. Er präsidiert dementsprechend munter und scherzend die entscheidende abendliche Vesper und verkündet die Weisungen und Befehle, die bis zum nächsten Marsch Gültigkeit haben, überzeugend, während die leitenden Manager erschöpft und abgekämpft dasitzen, mit letzter Kraft das Gehörte eifrig notierend, aber zu schwach für jeden Widerspruch.

Ein dermassen sportliches Hobby ist gut für einen Jüngeren, der zudem das Wandern selber schätzt und liebt und es damit erfolgreich als Druckmittel gegen diejenigen verwenden kann, die es weniger verehren. Für mich eher beleibten und den Genüssen des Lebens nicht abgeneigten, damals Fünfundfünfzigjährigen, habe ich mir etwas anderes ausdenken müssen, insbesondere da ich mich für die Wanderlust nicht übermässig erwärmen konnte.

Ich habe mich zunächst vom Beispiel meines alten Bekannten, Rudolf Bopp-Pico in Bern inspirieren lassen, der sich eine echte Schlossruine kaufte und sie nach seinen Wünschen ausbauen liess. Sehr zum Schrecken der zünftigen Burgenhistoriker, die ihm eine Verschandelung der geschichtlichen Substanz vorgeworfen haben, entstand aus dem alten Gemäuer eine Musterburg mit Turmstube und Gästezimmern.

Dem Beispiel ihres Chefs folgend, gehörte es bei der Apparatefabrik, der Bopp-Pico vorstand, zuerst zum guten Ton und dann aber sehr bald zur ungeschriebenen Pflicht, dass sich seine Direktoren ebenfalls nach einem passenden Schloss umsahen. Bopp-Pico führte nämlich den Brauch ein, dass sämtliche Direktionssitzungen seiner Firma nur noch in einem Schloss stattfinden durften. Die Direktoren ohne Schloss, als unwürdig befunden, je ihre Kollegen bei sich zu haben, bemühten sich deshalb nach Kräften, möglichst bald diesem Mangel abzuhelfen. Die Resultate waren allerdings katastrophal. Da die Zahl der verkäuflichen Schlösser in der näheren Umgebung von Bern relativ beschränkt ist, waren seine Kronprinzen gezwungen, zunächst in die weitere Umgebung bis nach Graubünden und bis in den Kanton Genf auszuweichen. Später mussten die neu ernannten Promovierten gar bis in die Gegenden von Besançon und Strasbourg vorstossen, um die ihrer Stellung adäquaten Schlösser zu finden. Die Reisen der Bopp-Pico-Direktoren wurden notgedrungen immer länger, sie führten, obwohl sie sehr abwechslungsreich und lustig waren, zu recht grossen Ausfällen für das Unternehmen, brauchten sie doch bisweilen allein zwei Tage für die Fahrt. Ich verwarf deshalb den Gedanken, für mich ebenfalls ein Schloss als Steckenpferd zu wählen, umsomehr, als ein zweites Direktorium neben den Bopp-Pico-Direktoren kaum mehr die notwendigen Schlösser in einem Umkreis von weniger als dreihundert Kilometern gefunden hätte.

Eine weitere Möglichkeit, die ich mir längere Zeit recht intensiv überlegte, die aber allerdings eine entsprechende Begabung voraussetzte, war die Musik.

Leonhard Bruder, der einen grossen Brauereikonzern in der Nähe von Lausanne besitzt, hat das Glück, sehr musikalisch zu sein. Er hat daraus ein relativ wenig kostspieliges aber für seine Zwecke äusserst wirksames Instrument gemacht. Leonhard Bruder gibt vor, für Georg Philipp Telemann zu schwärmen. Er sammelt alle Platten, sämtliche Partituren und die gesamte Literatur, die sich mit Telemann befassen, und richtete in seiner grossen Villa das sogenannte Telemann-Kabinett ein, wo in drei grossen Räumen alles aufgestapelt und eingeordnet wird, was mit diesem Komponisten zu tun hat. Ein angehender Musikhistoriker wurde eigens von ihm als Konservator angestellt, um seine Sammlung zu besorgen. Alle drei Wochen findet bei Leonhard Bruder ein Hauskonzert statt, bei dem einige Musiker ausschliesslich Werke von Telemann zum besten geben. Anschliessend hält der Konservator einen längeren Vortrag über die jeweiligen neusten Ergebnisse seiner Telemann-Forschungen. Nachher wird Champagner serviert und eine angeregte Diskussion geführt, die vom Hausherrn mehrheitlich bestritten wird und sich ausschliesslich um Telemann dreht.

Vor einigen Jahren stiftete mein Freund den Leonhard-Bruder-Telemann-Preis für denjenigen Schüler am Genfer Konservatorium, der eine Sonate dieses Komponisten bei einem alljährlich stattfindenden Leonhard-Bruder-Telemann-Stiftungskonzert am vollendetsten wiedergibt.

Es ist kaum vorstellbar, was das Hobby ihres Herrn für seine Untergebenen für Folgen hat. Alle seine Direktoren benützen ihre ganze Freizeit, um sich ächzend und stöhnend mit Telemann zu befassen, ob sie musikalisch sind oder nicht; sie üben ihr Gehör Abend für Abend bei Telemann-Schallplatten, sie verschlingen alle erhältlichen Kritiken über Telemann-Konzerte und die gesamte Literatur, die von ihm handelt. Sein Marketing-Manager, der sich ursprünglich nur für Militärmärsche interessiert hatte, liess sich eine ältliche Konservatorium-Lehrerin kommen, die ihm für teures Geld die Sinfonien erklärte und kommentierte, die er sich täglich mit übermenschlicher Geduld auf seinem Grammophon zu Gehör führte.

Auch die Geschäftsfreunde, die von Leonhard Bruder etwas erreichen wollten, und seine Lieferanten trauten sich nur mit ihm zusammenzukommen, nachdem sie sich intensiven Telemann-Studien hingegeben hatten.

Ganz besonders eifrige Prokuristen, die auf eine Beförderung zum Vizedirektor hofften, publizierten sogar bisweilen eine Telemann-Miszelle oder Betrachtungen über eine neuentdeckte und ihm zugeschriebene Motette in der Firmenzeitschrift, was ihnen zwar selten das gewünschte Avancement aber regelmässig grosses Lob von Leonhard Bruder einbringt.

Das Studium des Steckenpferdes von Leonhard Bruder hat mich besonders seiner immensen Wirkung wegen sehr beeindruckt. Ich dachte zuerst daran, einen andern Komponisten für mich in ähnlicher Weise einzusetzen, kam aber bald von diesem Gedanken ab, da ich hoffnungslos unmusikalisch bin.

Ich entschied mich schliesslich dafür, zwei recht kostspielige Kunstsammlungen anzulegen. Eine war für die Luxmetall AG als Firma bestimmt, die andere für mich persönlich. Besonderes Gewicht legte ich – im Hinblick auf die damit verfolgten Zwecke – auf die Auswahl der Sammelobjekte. Ich ging dabei davon aus, dass die Sammlung der Luxmetall AG vor allem der Erhaltung meiner Autorität und der Einflussnahme auf meine Kronprinzen dienen sollte, während meine persönliche Sammlung dafür bestimmt war, mir Achtung und Einfluss in der Öffentlichkeit zu vermitteln, was, wie noch zu zeigen sein wird, im Ergebnis auch wieder der von mir präsidierten Firma zugute kommt.

Für die Firmasammlung wählte ich einerseits brave Kunst aus dem 19. und dem beginnenden 20. Jahrhundert, die vor zwanzig Jahren noch gar nicht in Mode war, und anderseits möglichst moderne, avantgardistische und provozierende Künstler. Für mich persönlich wählte ich griechische Vasen.

Ich verstand, als ich mich entschloss, diese Sammlung anzulegen, weder von Kunst noch von antiker Keramik das Geringste. Ich baute mir deshalb zunächst einmal den Ruf auf, ein Förderer und Mäzen des hiesigen Kunstmuseums und der keramischen Sammlung zu sein. Ich trat den entsprechenden Unterstützungsvereinen bei, gab sehr grosse Beiträge und trat in die Gesellschaft für Schweizerische Kunstgeschichte ein. Ich besuchte regelmässig alle Vorträge, die das Kunstmuseum organisierte. Bei einer öffentlichen Geldsammlung für einige Fusely's, die es erwerben wollte, für die aber die nowendigen Kredite fehlten, spendete ich einen derart grossen Obolus, dass mein Name in allen Gazetten erwähnt wurde.

Ich engagierte sodann einen Aushilfsassistenten der Kunstsammlung, einen vielversprechenden jüngeren Mann mit gelocktem Haar, der sich speziell für moderne Kunst interessierte, und die Konservatorin für antike Keramik, eine nette, jüngere Dame aus Fulda. Beide brachten mir in Gesprächen und Privatstunden einerseits die intellektuellen Grundelemente für meine Sammeltätigkeit bei, anderseits hatten sie von mir die Aufgabe erhalten, die besten Antiquare und Kunsthändler damit zu beauftragen, mir alles zu beschaffen, was sie ergattern konnten und das in die von mir gewählten Sammelgebiete fiel.

Die Bilder der Firmensammlung hängte ich in die Korridore, den Versammlungsraum und die Kantinen der Luxmetall AG, aber auch in die Büros meiner Direktoren, später auch der Vizedirektoren und der Prokuristen. Selbstverständlich fragte ich die betreffenden Herren nicht, ob sie die ihnen zugedachten Bilder wünschten oder nicht, sondern ich bemühte mich, sie mit den ausgewählten Gemälden zu erziehen und wenn nötig zu schockieren. Meinem bulligen Personalchef, dem ich von Zeit zu Zeit etwas mehr Sanftmut gegenüber dem Personal empfehlen musste, hängte ich eine Schwarzwaldmühle mit viel Grün, Grau und Düsternis von Ludwig Thoma in seinen Arbeitsraum. Den recht kleinlichen und scheuen Chef der Finanzkontrolle (den comptroller), nicht zu verwechseln mit dem ganz anders gearteten Finanzchef, bedachte ich mit einer farbenprächtigen und aufreizenden Blondine von Roy Lichtenstein. Wie zu erwarten war, beschwerten sich die mit dem ihnen zugedachten Wandschmuck Beglückten bei mir, wobei ich sie entweder barsch in die Schranken wies und ihnen erklärte, es stände ihnen nicht an, über meinen Geschmack zu disputieren, oder aber ich machte ihnen klar, dass die ganze Bildersammlung als eine Art Wechselausstellung in den Räumen des Direktionshauses rotiere und dass sie im nächsten Jahr je nach meinem Gutdünken vielleicht ein ihnen willkommeneres Gemälde an ihren Wänden finden würden. Solche Protestaktionen waren aber ganz selten. Meist dankten mir meine Untergebenen für den fabelhaften Wandschmuck, der sonst in keiner andern Firma zu finden sei und trauten sich nicht, an meiner Wahl zu zweifeln. Entsprechend dem Benehmen meiner Untergebenen und der Gunst, die ich ihnen jenachdem erweisen wollte, wechselte ich auch den ihnen zugedachten Wandschmuck. Der jeweilige Bildwechsel hatte dabei meist eine viel grössere Wirkung als eine lange Strafpredigt. Mein aufsässiger Finanzchef, der mir immer wieder wegen nichtiger Sachen grosse Schwierigkeiten machte, erhielt zuerst einen ganz wertvollen Böcklin, der an der Basler Ausstellung im Jahre 1977 eine besondere Zierde darstellte. Als er wieder einmal besonders unangenehm wurde, wechselte ich das Bild gegen einen sehr viel bescheideneren Hans Sandreuter aus. Der Finanzchef, der genau merkte, was dieser Austausch bedeutete, war fuchsteufelswild, um so mehr, als er von allen seinen Besuchern befragt wurde, wo denn sein Böcklin geblieben sei. Er hütete sich aber wohlweislich, mich über den Grund dieses Bilderaustausches zu befragen, da er selbstverständlich ganz genau wusste, was für eine Antwort er erhalten hätte.

Man kann sich kaum vorstellen, was für eine wohltuende Unruhe dieses von mir sorgfältig geübte Bilderspiel im Betrieb verursachte. Es wurde für einige meiner Untergebenen fast zur Lebensfrage, zum richtigen Bild zu kommen, wobei die künstlerische Qualität völlig gleichgültig war. «Richtig» war vielmehr das Gemälde, von dem sie glaubten, dass es in der Gunst ihres Bosses besonders hoch rangiere. Einer meiner Prokuristen reichte mir die Kündigung ein, die ich annahm – da er nicht tüchtig war – weil er glaubte, das ihm zugewiesene Gemälde sei von mir absichtlich über seinen Arbeitsplatz gehängt worden, da ich es nicht mochte. Diese Vermutung, die ich durch entsprechende abfällige Äusserungen über den betreffenden Künstler auch kräftig nährte, war durchaus richtig.

Das Erraten meines Geschmackes und die Aufteilung der aufgehängten Bilder in eine Reihenfolge der Gunstbezeugungen durch den obersten Chef wurde zum beliebten und meist geübten Gesellschaftsspiel im Unternehmen. Als besonders nützlich erwies sich hiebei die Zweiteilung der Sammlung in Bilder des 19. Jahrhunderts und ultramoderne Werke. Man konnte Leute, die man besonders schockieren und unsicher machen wollte, nicht besser treffen, als durch den Wechsel von einem braven Bild, beispielsweise einer Schulklasse von Albert Anker zu einem ausgesucht provozierenden Werk von Gustav Grützke. Meine neueste Acquisition ist das Ensemble «Besinnung im August» von Josef Beuys. Es handelt sich um 12 an die Wand gestellte Kupferstäbe, die einen faulenden Wurzelstock umrahmen, über den künstlerisch eine alte Pferdedecke gelegt ist. Ich stellte dieses äusserst wertvolle und vor allem kostspielige Kunstwerk in das Büro meines von Natur sehr aufgeregten Marketing-Direktors, Hans Läubli den Jüngeren, der sich seither aus Angst, Unersetzliches zu zerstören, kaum mehr zu rühren wagt, während er früher, heftig dicke Zigarren paffend, nervös in seinem Arbeitsraum auf- und abzuschreiten pflegte. Jedesmal wenn er dabei über einen der Beuys'schen Kupferstangen stolperte, was sich jeweils mit einem hell klingenden Ton und einem nachher folgenden dumpfen Fall bemerkbar machte, donnerte ich ihn an, er sei ein Banause und wisse nicht zu würdigen, mit was für einer ausgesuchten Kostbarkeit ich seine öde Arbeitsstätte ausgeschmückt hätte. Das Merkwürdige mit Beuys ist, dass Hans Läubli der Jüngere nicht nur viel ruhiger geworden ist, seit sein Büro unter dem Glanze dieses Künstlers steht, sondern dass zudem seine Leistungen ganz bedeutsam gestiegen sind. Ich habe im Sinne, ihn auf nächstes Neujahr zu befördern.

Sehr wichtig ist aber der weitere Zweck, den ich mit der Anlegung der in meinem Privatbesitz befindlichen Vasensammlung verfolge. Schon nach den ersten fünf bedeutenden attischen Exemplaren, die ich mit Hilfe meiner tüchtigen Konservatorin bei einem Händler ergattern konnte, der auf geheimnisvollen Wegen in den Besitz dieser gesuchten Schmuckstücke gelangt war, tat ich alles, damit mein Sammeleifer möglichst publik wurde. Ich sorgte dafür, dass über eine besonders schöne Acquisition meine begeisterte Dame einen längeren Artikel in der Zeitschrift für Kunst in der Antike publizierte, natürlich mit der gebührend hervorgehobenen Erwähnung des kunstverständigen Sammlers, der im Besitze dieses Juwels ist.

Durch meine Assistentin und auch zufolge der offenen Hand, die ich der von ihr geleiteten Keramiksammlung gegenüber zeigte, kam ich bald auch in näheren Kontakt mit dem Direktor dieses bedeutenden Museums. Dieser stellte mich anlässlich eines Essens für Gönner des Museums unserm historisch und kulturell äusserst interessierten Stadtpräsidenten vor, der an diesem Abend sehr frohgemut war, da er bei den jüngsten Stadtratswahlen seine schärfste Konkurrentin, eine Sozialdemokratin, die sonst immer mehr Wählerstimmen als er sammelte, überrundet hatte. Ich gab dann kurz darauf für ihn und einige weitere Kulturbeflissene in meinem Hause einen Empfang, bei dem zuerst ein Quartett spielte und nachher die von mir beschäftigte Assistentin einen längeren, sehr fundierten Vortrag über meine neuesten Erwerbungen hielt. Bereits an diesem Abend und dann bei Gelegenheit immer wieder, pflegte ich in Gesprächen mit diesen Honoratioren einzuflechten, dass ich diese Sammlung als Besitz der Allgemeinheit ansehe, ich mir damit ein Andenken schaffen wolle und es natürlich gewiss sei, dass diese sich stetig erweiternde Kollektion Besitz meiner geliebten Stadt werde.

Ich wurde daraufhin an die regelmässig stattfindenden Empfänge unseres Stadtoberhauptes eingeladen, und ich fungierte mehr und mehr als obligater Teilnehmer bei allen Einladungen, die die Stadt für fremde Gäste gab, die sie zu empfangen hatte. Rotary und Lions-Club schickten mir fast gleichzeitig Einladungen zu, bei ihnen Mitglied zu werden. Ich entschied mich, Rotarier zu werden, weil mein ungeliebter Finanzdirektor bereits Lion war, was er mir bei jeder Gelegenheit vorzutragen pflegte. Jedesmal musste ich dabei hören, welche gewichtigen Beziehungen ihm dieser Club verschafft hatte. Es kam dazu, dass auch der Museumsdirektor bereits Rotarier war und für mich dort als Promotor auftrat.

Wie zufällig fragte mich bald darauf einer meiner Bekannten, der sich bis anhin sehr wenig aus meiner Freundschaft gemacht hatte, ob ich nicht dem äusserst vornehmen Jacht-Club beitreten wolle. Ich hatte zwar keine Ahnung, wie eine Jacht funktioniert, wurde aber natürlich begeistertes Mitglied und liess mich in zahlreichen Privatstunden von einem sonnengebräunten fanatischen «Jachter», der im Privatleben Prokurist einer Schokoladenfabrik war, in die hohe Kunst des Segelns einführen. Soviel galt schon die Ehre der Bekanntschaft mit mir, dass sich auch andere Herren darum rissen, mir diese Kenntnisse zu vermitteln. Sie wurden dafür alle an meine «Vasen-Empfänge» eingeladen, die mehr und mehr zur festen Institution wurden.

Selbstverständlich durfte ich auch in eine der ehrwürdigen Zünfte eintreten, und beim jährlichen Festumzug marschierte ich als erster Stadtknecht unter Bürgermeister Brun mit.

Nach einigen Jahren eifrigster Sammlertätigkeit, immer noch unterstützt von meiner rührigen Assistentin, gründete ich in einem feierlichen, in der Presse gebührend gewürdigten Festakt, verbunden mit einem Festvortrag des Ordinarius für klassische Archäologie an der Universität, die Rudolf-Berner-Stiftung für griechische Keramik, stellte ein Kuratorium aus Fachleuten und einflussreichen Politikern zusammen, die bei jeder Sitzung zu einem lukullischen Festmahl geladen wurden, und bestimmte als Zweck die Schaffung einer besonderen Abteilung für Vasen im bereits erwähnten Museum. Ich schenkte der Stiftung aber nur meine drei schlechtest erhaltenen Sammelstücke und liess sie als vielversprechenden Beginn von weiteren bedeutenden Spenden im Museum plazieren. Natürlich bin ich als Donator dort auch angegeben.

Nachdem ich so den massgebenden Autoritäten die Möglichkeiten, der kulturbeflissenen Stadt ohne Verwendung von Steuergeldern zu einer bedeutenden Sammlung zu verhelfen, gebührend schmackhaft gemacht hatte, begann ich bei allen Verhandlungen, die ich als Boss der Luxmetall AG mit den Behörden zu führen hatte, durchblicken zu lassen, dass ich natürlich meine sich ständig mehrende Sammlung nur der Stiftung und damit der Stadt übergeben würde, wenn sich deren Organe mir gegenüber auch entsprechend verhielten. Irgendeine Verpflichtung dazu, auch eine solche moralischer Natur, hätte ich natürlich keineswegs. Ich sei vielmehr völlig frei, über meine Sammlung zu verfügen, und könne diese nach meinem Tode versteigern lassen. Solche Bemerkungen, die ich, je älter, je mächtiger und unangreifbarer ich wurde, immer häufiger fallen liess, verursachten immer ein grosses Unbehagen, das seinen Weg sogar in anonyme Artikel der Presse fand. «Rudolf Berner darf nicht verärgert werden» wurde immer mehr zur Devise in der kulturellen Abteilung des Stadtpräsidenten und fand von dort ihren Weg in alle Abteilungen der Stadtverwaltung.

Mein Finanzdirektor kam in dieser Zeit, diesmal recht hilflos, weil seine sonst so mächtigen Freunde ihm nicht helfen konnten, zu mir und teilte mir mit, er hätte eine äusserst unangenehme Unterredung mit Steuerkommissar Weber VI, dem Chef der Abteilung Anonyme Erwerbsgesellschaften, gehabt. Der Grund dafür sei, dass die Luxmetall AG eine Holdinggesellschaft in Liechtenstein besitze, über die sie ihre Gewinne in die Schweiz zurückpumpe. Ich läutete darauf dem städtischen Finanzvorstand an und sagte recht lautstark, es sei ein Skandal, dass ich als Wohltäter der Stadt es erleben müsse, dass die von mir geleitete Firma derart unhaltbaren Verdächtigungen ausgesetzt werde. Er, Finanzvorstand Dr. Gubler, wolle doch nicht als derjenige Magistrat in die Stadtgeschichte eingehen, der seiner Vaterstadt die schönste Vasensammlung Europas vermasselt habe (dieses Prädikat hatte sie sich in der Zwischenzeit tatsächlich zu Recht erworben). Selbstredend erhielt ich am nächsten Tag einen freundlichen Brief, in dem mir mitgeteilt wurde, dass der unglückliche Weber VI sofort an einen untergeordneten Posten versetzt worden sei und ich damit rechnen könne, dass die Luxmetall AG in Zukunft völlig in Ruhe gelassen würde.

Ein halbes Jahr später geschah es, dass die Firma Schwierigkeiten mit der städtischen Baupolizei hatte, weil sie einen Neubau für die Fertigung eines von uns entwickelten neuen Turbinentyps etwas höher erstellen wollte, als es das kantonale Baugesetz erlaubte. Wir hatten mit dem Architekten vergeblich gehofft, dass niemand den von uns heimlich vorgenommenen Verstoss gegen die gesetzlichen Bestimmungen bemerken werde. Leider erhoben aber einige missgünstig gesinnte Nachbarn, hinter denen offensichtlich ein Konkurrenzunternehmen stand, bei den Behörden Einsprache, worauf ein Baupolizist auf dem Platze erschien und uns unter Androhung von Strafen die sofortige Einstellung der Bauarbeiten befahl.

Ich war genötigt, um ein Unglück zu verhüten, beim städtischen Bauvorstand vorzusprechen, der glücklicherweise ebenfalls meiner Zunft angehört. Es gelang mir, ihn in ein Gespräch über meine neuesten Erwerbungen, vor allem eine prachtvolle Vase aus Ägina, zu verwickeln, von der auch in der Zeitung die Rede gewesen war. Er erinnerte sich sofort an das Interesse des Museums am Erwerb meiner Sammlung und der Tatsache, dass ich mehrfach anzutönen pflegte, die entsprechende Schenkung, soweit sie mich betreffe, sei noch keineswegs perfekt. Es ist klar, dass wir im Verlauf einer Woche im Besitz einer Sonderbewilligung gewesen sind, die uns zufolge unausweichlicher technischer Notwendigkeiten einen Höherbau über die gesetzliche Grenze hinaus, gestattete. Alle Einsprachen wurden abgewiesen.

Ich habe die Absicht, meine beiden Sammlungen noch lange zum Nutzen der Luxmetall AG und zu meinem eigenen einzusetzen. Ich kann mit bestem Gewissen sagen, dass die, wie ich freimütig zugebe, recht beträchtlichen Aufwendungen, die dafür aufgebracht werden mussten, sich bereits mehr als ausgezahlt haben. Ich kann mir eigentlich heute mein Leben ohne Einflussmöglichkeiten, die Macht und das Ansehen, die sie mir direkt und indirekt vermitteln, gar nicht mehr vorstellen.

Ich kann meinen Altersgenossen in leitender Stellung, die diese Schrift lesen sollten, falls sie nicht schon längst selber auf den Gedanken gekommen sind, nur raten, sich sobald als möglich irgendeine Sammlung zuzulegen, die entsprechend originell sein und gut aufgezogen werden muss. Es ist die beste Geldanlage, die ich mir vorstellen kann.

Das persönliche Image

Es bedarf keiner grossen Worte um darzutun, dass das persönliche Ansehen, das heisst die Achtung vor meiner Person als absoluter Boss, für das unangefochtene Beharren in dieser Stellung von grösster Bedeutung ist. Dem Untergebenen muss, und darauf verwende ich einen grossen Teil meiner Arbeitszeit, mit allen Mitteln der Eindruck vermittelt werden, dass ich trotz meines Alters, das ich tunlichst verschweige, wirklich der Beste, Tüchtigste, Kräftigste und Klügste im Betrieb bin.

Wichtig ist dabei nicht nur mein Äusseres, sondern die Schaffung eines leicht geheimnisvollen Rufes von enormen körperlichen Leistungen, die ich vollbringe. Ich gebe mich zudem betont fortschrittlich, nicht nur bei den Anschaffungen in meiner Kunstsammlung, sondern auch in Gesprächen. Ich lege grösstes Gewicht darauf, mit den Vertretern der Gewerkschaft und der Betriebskommission auszukommen.

Ich bin mit Arbeitszeitverkürzungen und Lohnerhöhungen bewusst freigiebiger, als es unsere Dachorganisation, der Verband Schweizerischer Metallindustrieller wünscht. Ich betone immer wieder, dass jeder, auch der einfachste Arbeiter, Zugang zu mir hat und an meine Tür klopfen darf, wohl wissend, dass sich kaum einer je trauen wird, von diesem Recht Gebrauch zu machen. Ich habe mir auf diese Weise den Ruf eines sozialen Arbeitgebers erworben, einen Ruf, der gegenüber nachstossenden Untergebenen äusserst nützlich ist.

Enorm wichtig ist aber auch ein möglichst junges Aussehen, das ungeahnte Kräfte und eine nie erlahmende Energie vermuten lässt. Zum Glück hat mir das Schicksal einen dichten schwarzen Haarwuchs beschert. Ich habe mit viel Farbe dafür gesorgt, dass diese meine Haupteszierde bis heute unverändert schwarz geblieben ist.

Ich habe ferner schon vor Jahren einen tüchtigen Masseur angestellt, ebenso übt ein Turnlehrer regelmässig mit mir. Durch eine gutgeschulte Dame lasse ich mir jeden zweiten Tag mein Gesicht so aufpolieren, dass es vor jugendlicher Frische strahlt. Ich habe auch vor einigen Jahren in einer privaten, garantiert verschwiegenen Klinik für sehr teures Geld ein face-lifting durchführen lassen. Den dafür notwendigen Aufenthalt tarnte ich als anstrengende Wanderferien im Hochgebirge. Die Tarnung war so überzeugend, dass mir jedermann nach meiner Rückkehr aus der Klinik zu meinem blendenden Aussehen, das auf aussergewöhnliche sportliche Leistungen zurückgeführt werden musste, wärmstens gratulierte.

Meine leicht sportlich-federnde Gehweise übe ich täglich vor dem Spiegel. Ich habe sie mit grosser Willenskraft auch fortgesetzt, nachdem mich ein böses Alterszipperlein im rechten Bein zu quälen begann. Ich spreche prinzipiell nie von meinen Leiden oder Krankheiten. Bin ich tatsächlich krank, was mit fortschreitendem Alter immer häufiger geschieht, so bleibe ich unter irgendeinem Vorwand zu Hause. Fragen nach meiner Gesundheit werden dermassen barsch beantwortet, dass sie nicht mehr gestellt werden.

Ich habe es auch nach langer Übung erreicht, von meinen sportlichen Erfolgen so spannend erzählen zu können, dass es einerseits nicht als Aufschneiderei empfunden wird und dass mir anderseits, wenigstens nach meiner Empfindung, meine Stories auch geglaubt werden. Ich achte dabei sorgfältig darauf, dass niemand meine Erzählungen auf ihren Wahrheitsgehalt überprüfen kann. Sie sind auch keineswegs unwahr, sondern sie liegen lediglich in den meisten Fällen zwanzig Jahre zurück. Ich mache darum auch regelmässig lange Ferienreisen in angeblich unwegsame Gebiete in Kanada, in das Innere Afrikas oder aber in das Hochgebirge, damit die geographischen Voraussetzungen für meine Geschichten gegeben sind. So schildere ich mit lebhaften

Gebärden eine strapaziöse Skitour in einem abgelegenen Gebiet im Tirol, wo ich nach sechsstündiger Wanderung statt der erwarteten Hütte, wo mir ein Schlafplatz reserviert war, einen Lawinenkegel vorfand, und mich, statt den verdienten Schlaf zu geniessen, noch weitere fünf Stunden an den Bergungsarbeiten beteiligte, persönlich drei Verschüttete ausgrub und vor dem sicheren Tode bewahrte.

Sehr beliebt sind auch meine Jagdabenteuer. Von einer Ausflugsreise nach Tansania zurückkommend, weiss ich fesselnd eine Geschichte, die ich oft wiederholen musste, zu schildern. Ich hörte – allein in einem Zelt schlafend – des Nachts Schritte. Verdächtig schien mir, dass es sich um ein dumpfes unheimliches Tappen handelte, das nicht von einem Menschen stammen konnte. Zum Glück hatte ich als Proviant ein aus der Schweiz stammendes, grösseres Stück getrockneten Fleisches, einen sogenannten «Mostbrocken» bei mir, den ich sorgfältig an einem Stock befestigte und dann aus dem Zelt hinausstreckte. Ich hörte ein gieriges Murren, spürte einen Ruck, und verschwunden war das Fleisch. Am nächsten Tag entdeckte ich riesige Tatzenspuren eines Löwen, die rund um mein Zelt führten.

Eine andere Geschichte handelt von einem enormen Grizzly-Bären, dessen Spuren ich allein, nur von einem Wildhüter begleitet, während drei Tagen im Norden von Kanada folgte. Die Spuren führten mich Dutzende von Kilometern weit um mein Lager herum. Den Bär erwischte ich nicht. Als ich zu Tode erschöpft mein Standquartier wieder erreichte, entdeckte ich das Riesentier, das vor mir dort war, wie es vergnügt mit seinen Riesenpranken meine Konfitürenkonserven zerdrückte und sich den Inhalt laut schmatzend einverleibte. Ich pirschte mich – es war schon dunkel – mit schussbereiter Büchse an Meister Petz heran, was recht schwierig war, da sich das Lager in einem dichten Wald befand. Unglücklicherweise entdeckte mich der Bär und griff mich sofort an. Mein Jagdbegleiter zog mich zur Seite, und es gelang mir knapp, mich den Pranken des wütenden Tieres zu entziehen. Der Bär raste an mir vorbei, ich riss mein Gewehr in die Höhe und erlegte ihn mit einem wohlgezielten Schuss in die Schläfe.

Solche Geschichten, mehrfach und geschickt erzählt, werden schliesslich geglaubt – und was noch wichtiger ist – eifrig weiter herumgeboten.

Mein Jagdruhm mehrte sich derart, dass ich bald durch meine guten Beziehungen zur konservativen Meinungspresse auch Interviews publizieren lassen konnte, in denen Journalisten sorgfältig mit mir zusammen vorbereitete Gespräche über meine Erlebnisse schilderten. Es tat mir wohl, nach dem Erscheinen dieser Artikel die bewundernden Blicke am nächsten Empfang festzustellen. Gewisse, leicht anzügliche Bemerkungen, die ebenfalls die Runde gemacht haben sollen, wie ich hörte, nahm ich einfach nicht zur Kenntnis.

Die Absicherung der persönlichen Macht

Es ist für den älter werdenden Boss, der seine Stellung halten will, von entscheidender Bedeutung, dass er rechtzeitig in die Gremien, die ihm tatsächlich gefährlich werden können, die richtigen, ihm immer ergeben sein werdenden Leute hineinsetzt. Trotzdem ich selber nur einen relativ kleinen Anteil am Aktienkapital der Luxmetall AG besitze, droht mir diese Gefahr nicht von Aktionären. Die Mehrheit der Aktien werden nämlich von den beiden grossen Hausbanken der Firma kontrolliert, und diese hüten sich aus gutem Grund sehr wohl, je gegen die Anträge des Verwaltungsrates zu stimmen.

Auch die wenigen boshaften Aktionäre, die mir jeweils an den Generalversammlungen unangenehme Fragen nach dem Zeitpunkt meines Rücktrittes stellen, bilden deshalb für mich keine Gefahr. Ich konnte sie bisher auch immer mit dem Hinweis, ein Nachfolger sei bereits bestimmt und werde gegenwärtig auf seine schwierige Aufgabe vorbereitet, beschwichtigen.

Gefährlich, wirklich gefährlich könnten mir aber meine Kollegen im Verwaltungsrat werden, die von Gesetzes wegen für die Überwachung der Geschäftsführung verantwortlich sind. Sie haben mit andern Worten die Pflicht, mich zum Rücktritt zu bewegen, sobald sie an mir Zeichen des Alters feststellen, die mein sicheres Urteil trüben oder meine Fähigkeit, die Firma erfolgreich zu leiten, in Frage stellen.

Es ist eine Eigenheit des schweizerischen Gesellschaftsrechtes, im Gegensatz zum deutschen, dass der geschäftsführende Direktor auch Präsident des Aufsichtsorgans, des Verwaltungsrates sein kann. In dieser Eigenschaft beaufsichtige ich also sozusagen selber meine Tätigkeit als oberster Direktor.

Es ist nun die grosse Kunst des obersten Bosses, dass er sich frühzeitig seine Mitverwaltungsräte so aussucht, dass sie ihm nie gefährlich werden. Ich habe darauf, als ich vor nunmehr fast 30 Jahren die oberste Stufe erklommen hatte und zum Verwaltungsratspräsidenten gewählt worden war, mit äusserster Sorgfalt geachtet. Ich habe mir Männer ausgesucht, die möglichst ein Interesse daran hatten, ihre eigene, bewusst von mir sehr gut honorierte Stellung nicht zu gefährden. Wichtig ist vor allem, dass sie ein gewisses Alter haben und mit mir während längerer Zeit zusammen tätig waren. Sie werden dann mild und konservativ und allen Änderungen, wozu auch jeder personelle Wechsel gehört, abgeneigt.

Ich sah deshalb in weiser Voraussicht darauf, dass meine Kandidaten vor zwanzig Jahren sich ungefähr in meinem Alter befanden, damit sie mit mir zusammen alt werden konnten und dann das Gefühl erhielten, mein Rücktritt bedeute unweigerlich auch den ihrigen.

Ich wählte zunächst zwei Vertreter von sich heftig konkurrenzierenden Grossbanken. Ich vermied auf diese Weise einmal, dass die Luxmetall AG nicht nur in bezug auf ihren Kredit überhaupt, sondern vor allem in Zeiten der Not, in denen es schwer war, Darlehen zu erhalten, nur von einer Bank abhängig war. Ich konnte sodann die beiden immer gegeneinander ausspielen. Jede Bank übertrumpfte sich in Gunstbeweisen der Luxmetall AG und mir gegenüber in der Hoffnung, die Konkurrenz ausschalten zu können. Ich jonglierte zwischen den beiden, einmal den einen ihrer Vertreter, dann wieder den andern bevorzugend, dieselbe Übung mit den Banken durchspielend, wie weiland der Ägypter Nasser selig mit Russland und den USA.

Die beiden alten Bankenbosse wurden zwar mittlerweile pensioniert. Ihre Häuser erlaubten ihnen aber auch nach ihrem Rücktritt aus der aktiven Geschäftsführung, im Verwaltungsrat meiner Firma zu bleiben. Sie geniessen selbstverständlich dieses Zubrot und wissen auch, dass ihre Existenz im Verwaltungsrat von meinem weiteren Verbleiben abhängig ist. Sie tun deshalb alles – in diesem Bestreben getreulich vereint – um mich zu stützen und meine Präsenz zu verlängern.

Daneben habe ich dafür gesorgt, dass im Verwaltungsrat Leute Einzug hielten, die zwar von Geschäften wenig oder nichts verstanden, dafür aber das Ansehen der Luxmetall AG mächtig gesteigert haben. Ich wählte einmal einen bekannten und bewährten Historiker und Schriftsteller. Er hat mir nicht nur ein wunderschönes Vorwort für die bei meinem sechzigsten Geburtstag erschienene, sehr gediegene, von meinem ersten Sekretär im stillen Einverständnis mit mir herausgegebene Festschrift verfasst (nachher erschienen keine mehr, da ich niemanden an mein Alter erinnern will), sondern er hat mich auch in einer seiner Novellen als äusserst erfolgreichen, natürlich leicht erkennbaren Unternehmer der Nachwelt erhalten.

Neben ihm sitzt am Verwaltungsratstisch ein erfolgreicher Generalunternehmer, der alle unsere Fabrikgebäude erstellt hat. Er vermeidet selbstverständlich jeden Disput mit mir, da er um seine Aufträge fürchtet. Überdies ist sein nicht sehr begabter Sohn, der aber trotzdem dank der väterlichen Beziehungen Karriere machen konnte, als Vizedirektor bei unserer Filiale in Melbourne tätig. Der Vater hat schmerzlich erkannt, dass die Laufbahn seines Sprösslings nur solange gesichert ist, als er sich meiner Freundschaft erfreut.

Vom Dichter und vom Architekten, die beide etwas über fünfzig Jahre alt sind, habe ich demzufolge auch kaum etwas zu befürchten.

Ich habe ferner drei Direktoren der Luxmetall AG, die ich mit 65 Jahren zwangspensionierte, in den Verwaltungsrat befördert, einmal um ihrer Kritik an meinem unentwegten Verbleiben zuvorzukommen und zudem, weil ich aus langjähriger Vorgesetztenzeit weiss, dass sie zu eingeschüchtert sind, um je etwas gegen meine Vorschläge und Anträge einzuwenden.

Schliesslich befindet sich als letzter im Rat ein ebenfalls recht bejahrter dicklicher und stets schwitzender, aus der Innerschweiz stammender Anwalt. Sein Vater, ein alerter und geschickter Politiker, hatte die Luxmetall AG vor bald 75 Jahren mitgegründet. Der recht unbedeutende Sohn versieht sein Amt, das ihm von der Firma gleichsam als Zeichen der Dankbarkeit gegenüber dem erfolgreichen Vater übertragen worden war, mehr schlecht als recht. Glücklicherweise benötigen wir seinen juristischen Rat eher selten. Wir haben uns daneben seit Jahrzehnten die gut bezahlten Dienste eines erstklassigen praktizierenden Anwaltes gesichert, der die Beratungen durchführt, denen meine beiden Sekretäre, trotz ihrer juristischen Doktorwürde, nicht mehr gewachsen sind. Den Juristen im Verwaltungsrat konnte ich auf diese Weise fast ganz ausschalten. Es ist ihm diese Degradierung auch weitgehend gleichgültig, da er nur darauf bedacht ist, alljährlich eine möglichst hohe Tantième zu beziehen. Von seiner Seite droht mir somit auch nicht die geringste Gefahr. Ich weiss das und habe mich deshalb davor gehütet, ihn durch einen jüngeren und besseren Rechtskundigen zu ersetzen.

Fasse ich die Beschreibungen und Charakteristika der von mir erkürten Kollegen im Aufsichtsgremium der Firma, das ich, wie gesagt, präsidiere, zusammen, so kann ich beglückt sagen, dass meine Auswahl glücklich gewesen ist. Sie wirken geradezu als Attribute meiner Allmacht. Sie nicken brav und zustimmend bei jedem Wort, das ich in den bisweilen turbulenten Generalversammlungen von mir gebe. Der Dichter und der Architekt, beide intelligent, unbekümmert und von Geschäftskenntnissen völlig unbelastet, stehen, wenn ich von einem Aktionär attackiert werde, bisweilen sogar auf und verteidigen meine Geschäftsführung und meine erwiesene Unentbehrlichkeit mit munteren, äusserst überzeugenden Worten.

Es steht somit alles für mich zum besten, und es sieht ganz so aus, wie wenn ich noch lange zum Wohl der Firma und – wie ich bescheiden gestehe – auch meiner selbst, das Ruder in der immer noch starken Hand behalten werde.

Meine Zukunft

Auf diese Weise nach allen Seiten und Richtungen gegen Nachfolger abgesichert, habe ich die Überzeugung gewonnen – und je älter ich werde, desto mehr wächst diese Überzeugung – dass es einfach niemanden gibt, der meinen Platz ausfüllen kann und der die Arbeit, die ich tagtäglich leiste, an meiner Stelle übernehmen könnte. Alle meine ausgebildeten und lange auf ihr neues Amt vorbereiteten Nachfolger haben sich bisher als Versager erwiesen, wobei ich zugebe, dass ich dieser Qualifikation emsig nachgeholfen habe, aber nur aus innerer Überzeugung, dass mein Handeln ausschliesslich im Interesse der Sache und absolut gerechtfertigt war.

Mein Alter gibt mir die notwendige Ruhe und Überlegenheit. Ich ziehe auch Vorteile aus meiner unendlichen Erfahrung; es gibt kaum eine Situation, die ich in ähnlicher Weise im Laufe meiner langen Zeit als Boss nicht auch schon erlebt und mit Erfolg durchgestanden hätte. Ich habe gelernt, dass nichts überstürzt werden sollte. Ich weiss, dass die Zeit allein vieles besser erledigt als die ungestüme Hand des Menschen.

Trotzdem mache ich lebhaft Pläne und stelle mir vor, wie meine Zukunft aussehen wird. Ich will nämlich auch noch in einigen Jahren nicht mein Gnadenbrot als Pensionär, wie ein ausrangierter Gaul geniessen. Ich will vielmehr alles tun, um mir meine leitende und einflussreiche Position so lange als möglich zu erhalten. Ich weiss nämlich nur allzugut, dass es mit mir rasch abwärts gehen und ich schlimmster Senilität verfallen werde, wenn ich nicht mehr rastlos tätig sein kann und die täglichen Aufregungen des geschäftlichen Lebens mich nicht mehr munter halten werden. Besonders erhält die Vitalität das Bewusstsein, mehr als andere zu sein und über andere befehlen und herrschen zu können. Mein Tun und Trachten geht somit auf die Erhaltung dieser möglichst unumschränkten Herrschaft.

Da ich davon überzeugt bin, dass ein mir gleichwertiger Nachfolger als Boss der Luxmetall AG einfach nicht zu finden sein wird, werde ich noch während vier Jahren, das heisst bis zu meinem 79. Altersjahr, an ihrer Spitze bleiben und sie nachher an die Metallmondial AG das grösste Unternehmen unserer Branche verkaufen. Es wird eine spektakuläre, überraschend angekündigte Fusion mit einem Aktienaustausch stattfinden, bei dem die bisherigen Aktionäre der Luxmetall AG sehr zufrieden, ihre Direktoren und auch meine Mitverwaltungsräte allerdings weniger glücklich sein werden. Ich habe bereits begonnen, zarte Fäden in dieser Richtung zu spinnen, und habe vertrauliche Gespräche mit meinem dreissig Jahre jüngeren Kollegen, dem Verwaltungsratspräsidenten der Metallmondial AG aufgenommen. Hauptbedingung wird sein, dass ich Vizepräsident des Verwaltungsrates der erweiterten Metallmondial AG werde und gleichzeitig einige weitere Sitze in ihren Tochtergesellschaften einnehmen kann. Ferner werde ich mir für zehn Jahre, deren Ende ich, wie ich hoffe, kaum mehr erleben werde, einen lukrativen Beratervertrag aushandeln, der mir gleichzeitig ein Mitspracherecht in der aktiven Geschäftsführung der fusionierten Gesellschaft sichert. Ich werde die mir eingeräumten Privilegien damit begründen, dass nur auf diese Weise die Interessen der Arbeiter, Angestellten und Direktoren der in der grösseren Konkurrenzfirma aufgegangenen Luxmetall AG gewahrt und geschützt werden könnten. Ich hoffe sehr, dass es mir gelingen wird, noch einige weitere fruchtbare Jahre auf diese Weise tätig und aktiv verbringen zu können.

Gleichzeitig werde ich natürlich die Macht, die mir meine Sammlungen verschafft haben, weiterhin für mich wirken lassen.

Ich habe die Absicht, beide Sammlungen, die Bildersammlung der Luxmetall AG und meine eigene Keramiksammlung bei der kommenden Fusion in einem feierlichen Akt, zu dem Regierung und Presse geladen werden, der bereits bestehenden Stiftung zu übergeben und gleichzeitig zu verfügen, dass alle Objekte im Kunsthaus und im Museum deponiert und ausgestellt werden.

Vor der Übergabe wird das Stiftungsstatut aber neu so gefasst, dass ich jederzeit die Geschenke wieder aus den genannten Museen zurücknehmen und sie irgendeinem andern Museum in der ganzen Welt vermachen kann. Die Stadt ist durch die von mir entwickelte Publizität dermassen auf den Besitz dieser Kunstwerke erpicht, dass sie diese Bedingung, wohl oder übel, wird akzeptieren müssen, da ich ihr sonst damit drohen werde, diese Werke einer Gemäldegalerie in Deutschland zu verschenken.

Bringe ich das Statut mit dieser Bedingung aber durch, so habe ich die Stadt, ihre Regierung und indirekt auch natürlich die Metallmondial AG in der Hand. Ich werde stets meine Wünsche anbringen können und wehe, wenn sie nicht sofort erfüllt werden.

Mein Bekannter, de Talbot, ein grosser Kunstsammler in Genf, hat mir vor kurzem bewiesen, welche Macht eine solche Sammlung bedeutet. Er hat der Stadt bis ins einzelne vorgeschrieben, wie sie ihr Kunstmuseum einzurichten habe und am Schluss den Kopf des dafür zuständigen Professors gefordert. Als die Stadt nicht dazu bereit war, diesen abzusetzen, hat er verfügt, dass seine Sammlungen, nachdem sie in Frankfurt, in Zürich und in Paris, beileibe aber nicht in Genf, während längerer Zeit ausgestellt werden, in New York versteigert werden sollen. Die gute Genfer Regierung hatte nichts zu lachen. Im kantonalen Parlament gab es Anfrage auf Anfrage, und der zuständige Kulturdirektor wurde mit Vorwürfen überhäuft.

Angesichts dieser Erfahrung, die unsere traditionsbewusste Calvinstadt gemacht hat, werde ich mir voraussichtlich gegen unsere, von der Gunst des Volkes abhängige Regierung einiges an Kapricen leisten können. Und ich habe im Sinne, diese Vorteile und diese Macht, die mir meine zusammengesetzten Scherben und meine Bilder gewähren, weidlich zu nutzen. Nicht nur werde ich bei allen Veranstaltungen eingeladen und als Mäzen begrüsst werden – ich hoffe auch auf einen Ehrendoktor der Universität. Es ist mir dabei wichtig, dass der Doktor ohne vorherige Schenkung gewährt wird, denn ich will ihn nicht um schnöder Gaben willen, sondern ich wünsche ihn als Anerkennung für die wissenschaftlichen Erkenntnisse, die ich mir im Laufe der Jahre angeeignet habe.

Es sieht also ganz so aus, als ob ich in den Jahren, die mir noch vergönnt sein werden, keineswegs beschäftigungslos sein und noch über ein gutes Quentchen Macht und Einfluss verfügen werde.

Da ich aber nie weiss, ob nicht der unerbittliche Schnitter Tod mir einen Strich durch die sorgfältig aufgestellte Rechnung machen und mich vorher aus dieser Welt abberufen wird, habe ich diese Wegleitung für die zahlreichen, hilflos dem immer fortschreitenden Alter entgegensehenden Bosse und Chefs verfasst, damit sie ihre Stellung so lange als möglich ausfüllen und geniessen können.

Wenn Du die Macht erobert hast, entferne alle Personen aus ihren Ämtern, die Deinem Vorgänger dienten. Sodann setze neue Männer ein. Denn es darf kein Amt, keinen Rang geben, den der Besitzer nicht Dir verdankt.

Niccolò Machiavelli